Tromsø
Lapland
Bodø
Norwegian Sea
Scandinavia
Rovaniemi
Lulea
Oulu
FINLAND
Umea
Molde
Trondheim
NORWAY
Vaasa
SWEDEN
Tampere
Bergen
Lillehammer
Oslo
Gävle
Turku
Helsinki
Stavanger
Skien
Uppsala
Aberdeen
Stockholm
Tallin
ESTONIA
Glasgow
Edinburgh
Kristiansand
Belfast
North Sea
Aalborg
Göteborg
Newcastle
DENMARK
Riga
LATVIA
Dublin
UNITED KINGDOM
Aarhus
IRELAND
Copenhagen
Malmo
Baltic Sea
LITHUANIA
Cork
Liverpool
Manchester
Kaunas
Kiel
Kaliningrad
Birmingham
Celtic Sea
Cardiff
Rostock
Gdansk
Vilnius
NETHERLANDS
Hamburg
London
Amsterdam
Berlin
POLAND
Plymouth
Poznan
Antwerp
Lille
Brussels
Koln
Warsaw
Brest
BELGIUM
Dresden
Wroclaw
Frankfurt
Lublin
Rennes
Paris
LUXEMBOURG
Prague
Katowice
Nürnberg
CZECH REP.
Krakow
Orléans
Nantes
Strasbourg
Stuttgart
Ostrava
Brno
L'viv
Munich
SLOVAKIA
Dijon
Zurich
Linz
Bratislava
FRANCE
Berne
Vienna
LIECHTENSTEIN
Budapest
La Coruña
Bay of Biscay
SWITZERLAND
AUSTRIA
Graz
Bordeaux
Lyon
HUNGARY
Cluj-Napoca
Vigo
Oviedo
Ljubljana
SLOVENIA
ROMANIA
Turin
Milan
Zagreb
Bilbao
Venice
Porto
Toulouse
CROATIA
Timisoara
Rijeka
Valladolid
Montpellier
Genoa
Nice
MONACO
Florence
Zadar
BOSNIA AND HERZEGOVINA
Belgrade
Salamanca
ANDORRA
Marseille
SAN MARINO
Craiova
Zaragoza
SERBIA
Santarem
Madrid
Split
Sarajevo
ITALY
Pristina
Sofia
Barcelona
Dubrovnik
SPAIN
KOSOVO
Merida
Ajaccio
VATICAN
Podgorica
Valencia
Rome
Skopje
Plovdiv
Seville
Tirana
MACEDONIA
Naples
Palma de Mallorca
Murcia
Alicante
Taranto
ALBANIA
Thessaloniki
Gibraltar (UK)
Mediterranean Sea
Cagliari
Tyrrhenian Sea
Corfu
GREECE
Tangiers
Ceuta (Spain)
Lamia
Alger (Algiers)
Rabat
Melilla (Spain)
Palermo
Messina
Oran
Annaba
Patras
Athens
Fès
Constantine
Catania
Sidi Bel Abbès
Tunis
Djelfa
MALTA
TUNISIA
ALGERIA
Tripoli

大樂文化

大樂文化

大樂文化

我如何以 IB文憑，錄取世界名校？

蘇弘曆——著

提早掌握語言、簡報、寫作力，
找回被低估的實力！

目次

International Baccalaureate

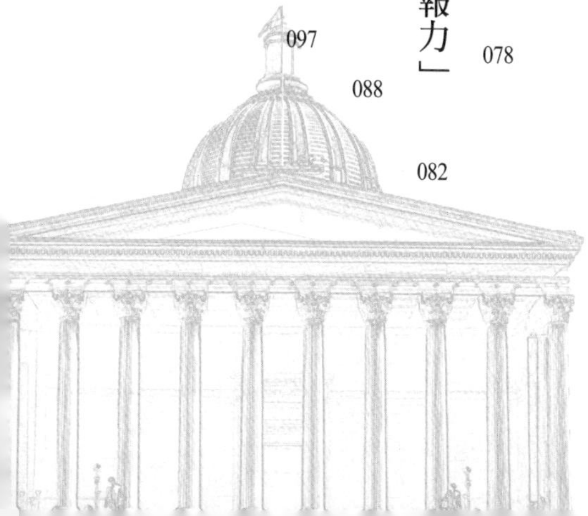

第3章

DP大學預科項目，我與學術的近距離接觸 103

第4章

全城戒備的五月考季，如何攻略外部評量？ 141

第6章

名校裡的外交，從朋友圈看世界

推薦序

在認識與學習ＩＢ的路上，期望有此書相伴

臺北市市議員　應曉薇

《我如何以ＩＢ文憑，錄取世界名校？》是臺灣第一本完整介紹ＩＢ的書籍，作者蘇弘曆以親身經驗，勾勒出目前最受國際歡迎的教育學程，更透過獲得ＩＢ認證及成功錄取名校的經歷，統整出有效的學習技巧，讓往後的學子一讀就懂。

從各方數據及研究來看，ＩＢ學生的表現近年愈加卓越，不僅在世界名校的錄取率上明顯高於非ＩＢ學生，而且在畢業後的職涯調查中也有極其亮眼的表現，不禁讓我對原先已認識的ＩＢ更加好奇。

二〇一八年八月，弘曆創辦的教育平臺ＴＡＥ，在臺北舉辦全臺灣首場ＩＢ暑期課

程。藉由這個機會，我不但看到ＩＢ課程內容的深與廣，更看見學生（弘曆及他在英國的同學們）對這個教育方法的信任及推廣的熱情。

因此，我邀請弘曆到臺北市議會，向教育局相關人員解釋ＩＢ的精髓及運作方式，希望能讓更多學生有機會廣泛地接觸這個課程。在九月市政總質詢時，我帶著弘曆以「視訊全民當家」的方式，向柯文哲市長提出和ＩＢ相關的建議，得到柯市長願意深入研究與執行的承諾。

在我至今擔任議員的八年多中，教育一向是我關注的核心議題，很榮幸能在任內推動和落實更全面的雙語教育，也希望能在臺北市的教育中看見ＩＢ。

對於不熟悉ＩＢ的人來說，這本書將成為絕佳的入門讀物，而對ＩＢ學生來說，則是實用的學習指南。未來，我會在任內持續為ＩＢ教育努力，期待市民朋友及讀者們，能在認識與學習ＩＢ的路上有此書相伴。

應曉薇

前言
轉身走向ＩＢ，來自回顧與前瞻的感動

二〇一六年十一月的某個早晨，一封來自英國大學申請系統（Universities and Colleges Admissions Service，簡稱ＵＣＡＳ）的信件映入眼簾，我依照指示登入系統查看最新更動，「ＵＣＬ」（University College London，倫敦大學倫敦學院，以下稱為倫敦大學）三個大字伴隨「Congratulations」（恭喜）出現在螢幕上，我恍惚三秒後才意識到：「哇，我被錄取了！」

倫敦大學在二〇一八年排名世界第七，而我主修的教育學系（Education Studies）則在教育相關科系中位居世界第一。我申請大學時，把倫敦大學當作遙不可及的名校，接到正式通知時心中難掩喜悅，立刻將這個消息告訴家人、老師及大學顧問，與他們共享這份快樂。

在歡樂之餘，我反思自己得以進入世界名校的原因，答案很簡單，就是ＩＢ國際文憑課程（International Baccalaureate）。然而，臺灣ＩＢ課程的資料稀少、較少人熟悉，因此我和ＴＡＥ[1]團隊成員在二〇一八年夏天，舉辦全臺首場三日大型活動「國際暑期課程」（International Summer Course）。

我們邀請四位來自世界各地的ＩＢ高分畢業生，指導ＤＰ（詳細內容可見第三章）裡熱門的七門科目（中文、英文、商業與管理、歷史、數學、經濟、化學），我也擔任講師授課。關於組成ＴＡＥ的故事，有興趣的讀者可以參考本書的專欄五，此處僅簡單說明組成ＴＡＥ、舉辦國際暑期課程的三個重要原因：

1. ＩＢ在臺灣及世界正迅速興起。
2. 家長及學生（甚至政府）對ＩＢ的好奇與茫然。
3. 我和團隊成員深深受益於ＩＢ，對教育心懷熱忱。

備考中突如其來的崩潰，迫使直視潛藏的脆弱面

說起我與ＩＢ的緣份，不得不提我即將升上九年級的暑假。當時，我理應在臺灣教育體制下，兢兢業業地準備國中教育會考（每次和英國同學談起這段經歷，我都用「不堪回首」形容），但面對接踵而至的考試，以及每天「朝七晚六」的備考生活，我實在深感疲乏。

疲乏的原因很多，可能是選擇題考試與我的完美主義起衝突，或者是自認有創造力的心思被標準答案桎梏。在暑輔進行未半的某個中午，我竟然在與導師談話的過程中崩潰了。

突如其來的淚崩嚇壞兩年多來對我疼愛有加、抱有期待的導師，以及總希望我適性發展的母親，更讓我意識到自己從沒靜心反思的脆弱面。

---

❶ 全稱為 To Achieve Excellence。二〇一七年十月，為了交流、推廣ＩＢ理念與課程，而成立的國際學術平臺。

過去的我習慣無視壓力，用盡一切心力和它並存。但面對這種突如其來（若不改變可能成為常態）的情緒波動，心裡有聲音告訴我必須想辦法解決問題。與父母交心深談後，我決定再次向導師請益，而這成為改變我高中生涯、甚至一生的重大轉折。

導師告訴我學校將在九月開學時引進ＩＢ，宗旨是鼓勵探究、思考、創造且跳脫傳統考試。探究與創造等詞彙，在當時充斥著A++、精熟（國中教育會考的最高得分等級）的聽覺裡，顯得格外甜美及光亮，深深地吸引我。在導師的鼓勵下，我選擇轉身踏入ＩＢ。

不畏酸言酸語，從IB中找到改變人生的鑰匙

多年後回頭看當時的決定，實在非常佩服自己的勇氣。雖然ＩＢ是目前的國際教育主流之一，當時臺灣卻幾乎無人知曉，更別說一所剛引進ＩＢ的小學校。因此，我耳邊的揶揄從未間斷，像是：「他只是在逃避會考」、「『哀逼』是什麼鬼」、「成績不是很好嗎」等等。這些酸言酸語也成為我卸下考試壓力後，重新裝載的心理壓力。

雖然九到十二年級只有短短四年，但ＩＢ著實是建構、培養及成就我的關鍵。這個教育體制教會我很多東西，不論是學科還是生活。

學科上，我做學問的功夫有相當大的躍進，讓我不僅重新認識學術這個詞彙，也培養了探究的習慣，並開始從概念性的大方向學習。而且，ＩＢ還為我的生活帶來不少變化，小至時間管理，大至反思和全盤檢視事物。這段緣份實在是既精彩又神奇。

此外，ＩＢ也為我的校園生活添加許多色彩，不論是透過ＩＢ架構參選及連任學生自治會會長，首次舉辦校園歌唱比賽，或是在生活中找到學術的材料（例如：用偶像劇和流行歌曲當作分析文本），替我四年的ＩＢ經驗譜出一段繽紛且深刻的旋律。

在這四年當中，「我」、「我身處的地方」及「ＩＢ」起了缺一不可的化學反應。踏入ＩＢ雖然可說是誤打誤撞，但我在過程中看見自己逐漸清晰的方向與目標，也在成績表現與大學申請上嘗到甜美的果實。

進入大學之後，我仍堅持用ＩＢ養成的習慣處理作業、準備考試。當收到大學第一年夏季考試的成績時，自認不善考試的我竟然取得意外的高分。仔細想想，能拿高分其實並不意外，因為從備考到應試，我都很有邏輯地運作。而且，大學的考試證實一件事：從ＩＢ得到的成功經驗能夠複製。

坐在倫敦的某間咖啡廳裡，我思考著該如何將ＩＢ給我的種種化為感謝。於是，我決定講一個和學習有關的故事，勾勒自己在ＩＢ中學習的點滴和感動，敘述這段從未知走向熟稔、最終進入名校的路程。

本書以ＩＢ為核心，透過親身經歷分享世界教育趨勢系統。第一章到第四章先從第一手的ＩＢ經驗切入，第五章和第六章討論在倫敦大學中觀察到的ＩＢ蹤影。書中介紹ＩＢ的運作模式，分析其作業與評量方法，還對比ＩＢ和大學的異同。這些異同顯現出ＩＢ所培養的學術能力，也清晰展示為何這個教育體制有如此高的國際競爭力。

對初識ＩＢ的讀者而言，本書提供全新的思考方式，用突破現狀的教育思維，介紹國際課程與國外教育的運作。對正在修習ＩＢ的讀者來說，本書則提供前瞻視角，緩解面對學術或未來的茫然。期待各位讀者都能在本書中有所收穫。

NOTE

/ / /

ＩＢ的課程以探究為本，引導學生在全球背景下，理解文化及探索世界重要議題。在ＩＢ教室中，老師關注的焦點是學習者，因此會以學生為主體設計單元與評量。

第 1 章

IB 到底夯什麼？詳解世界的教育趨勢

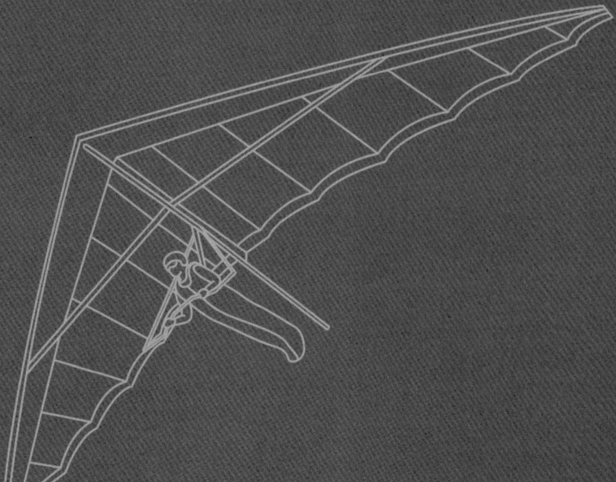

為何IB被譽為名校試金石？一窺課程的組成與架構

IB是近年教育界的熱搜關鍵詞，有人說這不同於以往的教育模式，有人說它是訓練二十一世紀學習者的最佳利器，還有人稱其為名校直通車。

IB全名為International Baccalaureate，意即「國際文憑課程」，是國際文憑組織（IBO）一九六八年起提供給全球學生的學程。起初這個學習系統是為外交官子女，以及常換教育環境的學生量身打造，但其學術強度及訓練出的能力和素養，逐漸讓人慕名而來。

走入二十一世紀，IB儼然成為首屈一指的教育學程，不僅比一般預科課程更容易錄取百大名校，在數據及學生表現上也展現優秀的國際競爭力。**以二〇一四年史丹佛大學（Stanford University）為例，IB學生錄取率為十五%，比平均錄取率高出**

八%，而在加州大學柏克萊分校（UC Berkeley），IB學生錄取率為五八%，比平均錄取率高出三二%。

IB的四個項目

IB為三到十九歲的兒童與青少年提供系統性的學習進程，分別是：

- 小學項目（Primary Year Programme，簡稱PYP）
- 中學項目（Middle Year Programme，簡稱MYP）
- 大學預科項目（Diploma Programme，簡稱DP）
- 職教證書項目（Career Programme，簡稱CP）

這四個項目皆由不同的學科與核心組成。從PYP開始，學生便以探究式與概念性的學習方法，修習語言、人文、科學、數學、藝術等領域的課程，並完成核心項目。

IB的四個項目中，DP最廣為人知，以下整理出五個DP「火紅」的原因：

1. 培養學生在高等教育中必備的能力，例如：研究、論文寫作等。
2. 訓練學生熟悉「知識、技能、創造、反饋」四者的互動及關聯。
3. 讓學生掌握各種表達能力，例如：寫作、口說、展演等。
4. 培養學生良好的時間管理和生活習慣。
5. 讓學生在升學過程中更好進（錄取），也更好出（畢業）。

DP的課程組成

討論上述優勢時，必須深究DP的課程組成。DP共分為六個科目組及三個核心項目，學生必須至少修習三個科目的高級課程（Higher Level，簡稱HL），其餘科目修習標準課程（Standard Level，簡稱SL）。通過六個科目的標準，且完成三個核心項目後（請見二十七頁圖表），才能獲得總部認證的文憑。關於三個核心項目的詳細內

IB 的四個項目

項目	宗旨	年齡範圍	學制
PYP	以「建構全人」為目標，希望培養出積極參與世界、關心周遭人事物，且願意終身學習的人。	3-12歲	相當於臺灣幼兒園到國小五年級。
MYP	概括性極強的學術課程，引導學生連結所學與真實世界。過程中強化學生的學術表現能力，塑造二十一世紀公民形象。	11-16歲	MYP為五年制，分別是MYP一年級至五年級。相當於臺灣國小六年級至高中一年級。
DP	目標是讓學生建構既深且廣的知識，強化多元智慧及專業學科能力，並訓練做學問必備的學術素養。	16-19歲	DP為兩年制，分別是DP一年級與二年級。相當於臺灣高中二年級至三年級。
CP	課程近似DP，特色為提供學生實習機會與就業輔導。目前僅有極少的學校實施。	16-19歲	CP為兩年制，分別是CP一年級與二年級。相當於臺灣高中二年級至三年級。

科目組名稱	科目細項
第四組：實驗科學 Experimental Sciences	生物 Biology
	化學 Chemistry
	物理 Physics
	運動及健康科學 Sports, Exercise, and Health Science
	電腦科學 Computer Science
	設計科技 Design Technology
第五組：數學 Mathematics（2019年8月全面改版）	應用和闡釋 Applications and Interpretations
	分析和方法 Analysis and Approaches
第六組：藝術 The Arts	舞蹈 Dance
	音樂 Music
	劇場 Theatre
	電影 Film
	視覺藝術 Visual Arts
跨組課程	文學與表現 Literature and Performance（跨第一組、第六組，僅SL）
	環境科學 Environmental Systems and Societies（跨第三組、第四組，僅SL）

注：若於第一組選兩門課，可不選第二組。若於第一組至第四組中再選一門課，則可不選第六組。

DP 的六個科目組

科目組名稱	科目細項
第一組：語言與文學研究 Studies in language and literature（2019年8月全面改版）	文學 Literature
	語言與文學 Language and Literature
第二組：語言習得 Language Acquisition	初學 Language ab initio（僅SL）
	語言B（普通、高級）Language B
	拉丁文 Latino（僅SL）
	古希臘文 Classical Greek（僅SL）
第三組：個人與群體 Individuals and Societies	商業與管理 Business Management
	經濟 Economics
	地理 Geography
	國際政治 Global Politics
	歷史 History
	全球社會資訊科技 Information Technology in a Global Society
	哲學 Philosophy
	心理學 Psychology
	社會文化人類 Social and Cultural Anthropology
	世界宗教 World Religions（僅SL）

注：第一組的語言課程難度較高，適合母語人士或精通該語言者，第二組的語言課程則適合非母語人士，或學習第二語言的學生。

容，之後會有更詳盡的舉例說明。

HL和SL的差異，在於學習內容的深度與廣度。HL除了時數較長之外，在文科中必須閱讀更多文本，理科中必須更深入學習各主題，而且HL的評分標準高於SL。此外，有些國外大學將HL的成績當作有鑑別度的參考數據，在美國、加拿大的許多學校甚至可用HL成績抵學分。

DP的學習範圍既深且廣，不少科目甚至涵蓋大學一、二年級難度的知識。因此，學生在選課時不僅要思考如何適性選擇，也要評估能否在高中階段就處理更高難度的內容。然而，DP的課程設計絕不是一味以分數或升學作為導向，它從教學方式到評量方法，都與許多人眼中的傳統教學大相逕庭。

IB的選課疑慮

正如前文介紹，IB的課程採取選課制。從MYP四、五年級起（相當於臺灣的國三到高一），學生就能部分選課，例如：在設計、藝術及體育當中選擇。到了DP則是全面選課，讓學生有更彈性的自主空間。然而，選課確實引起不少人的好奇和疑慮。

許多學生總愛問我：「有沒有簡單、保證拿高分的選課組合？」也有不少家長會問：「如果所選的課比較難，會不會輸在起跑點？」

其實，在IB的選課制度及課程設計下，學生不容易偷懶，因為這套系統中沒有極難或極易的科目，而且

DP 的三個核心項目

核心項目	內容	評量方式
創造、活動、服務（Creativity, Activity, Service，簡稱 CAS）	針對藝術、創造思考、體能運動或志工服務等相關活動，進行規劃、執行和反思。	不計分。僅考核學生的反思是否達到學習目標。
認識論（Theory of Knowledge，簡稱 TOK）	引導學生反思知識本質，並思考：「我們如何知道我們所知道的內容。」	· 論文（67%）：1600字、6道論題中選擇1道。 · 口頭報告（33%）：個人或小組、10至15分鐘。
延伸論文（Extended Essay，簡稱 EE）	自行選擇學科、主題及研究問題，寫作一篇至多4000字的論文。	總部依評分向度考核，評分等級分為A至E。

學生在選課時原本就得評估自己的強項。

不過，在ＩＢ圈子中還是流傳容易拿高分且較輕鬆的組合。舉例來說，第一組選自己的母語，第二組再選一門課作為第二語言、科學選跨組的環境科學、第六組選視覺藝術ＳＬ等。然而，在國外大學系統熟稔ＩＢ選課的情況下，多數面試官都能一眼看出選課組合背後的含義。

我建議學生把分數放在

IB 常見問題 ①

Q：許多人稱 IB 是名校直通車，目前全球有多少所 IB 學校呢？

截至 2018 年 12 月，全球有 153 個國家設立 IB 學校，總計 4964 所。亞太地區中，中國大陸有 142 所、港澳 62 所、日本 61 所、新加坡 35 所、泰國 22 所、菲律賓 20 所、韓國 13 所、臺灣 8 所 IB 學校。

臺灣的 IB 學校目前有臺北歐洲、美國、康橋、奎山、高雄美國、義大、雲林維多利亞、臺中明道。其中僅義大及奎山為完整 IB 學校，獲得總部認證教授 PYP、MYP、DP 三個項目。

第二位，把興趣、強項與未來想修習的主修放首位。另外，我鼓勵學生應該更開闊地認識各科目，用分數以外的視角評估自己的學習潛力。

ＩＢ的教學方法與評分標準

ＩＢ的課程以探究為本，引導學生在全球背景下，理解文化及探索世界重要議題。在ＩＢ教室中，老師關注的焦點是學習者，並**以學生為主體設計單元與評量**。由於ＩＢ的課程架構納入學生的需求及學習狀況，老師自然會以學生為中心，思考自己該如何教學、學生可能如何學習，進而營造出互動性強且聯繫性高的學術空間。

此外，ＩＢ評量的方法多元，自ＰＹＰ（小學項目）起，就有多種跨媒材與形式的測驗方式，諸如角色扮演、辯論、街訪等。除了創意思考評量之外，也有要求嚴謹的學術報告，或是需要批判性思維的分析。

以下介紹ＩＢ的兩種評分制度，分別是**評分等級和向度**，兩者都保障學生的作業或作品會得到公平檢驗。

1. 評分等級

學生的作業或作品將獲得一至七分中的一個等級。許多人把七分制和百分制連結，但ＩＢ的得分實際上呈現「指數增長」的樣貌，也就是在低分階段快速上升，高分階段則趨緩，例如：六與七分的間距，遠超過三與四分的間距。換句話說，雖然看似僅有七個等級，但學生會明顯感受到分數的爬升。

2. 評分向度

除了七個等級，課程中的每

IB 常見問題 ②

Q：念完 IB 後有哪些升學管道？可以念臺灣的大學嗎？

持有 IB 文憑可以申請許多國外大學，從最主流的英國，到亞洲的日本、韓國、新加坡，都開始錄取以 IB 成績申請的學生。近年來，除了傳統歐洲學校，美國學校也開始同意用 DP 科目抵學分，或作為核心申請項目。

目前在臺灣多數公立和國立大學仍不接受以 IB 成績申請入學，只有極少數私立大學的部分科系接受這種方式。

個評量都有評分向度，而向度得分皆有對應說明，老師會參照細則評判作品優劣和得分。雖然任何評斷都有主觀的可能性，尤其是文科與藝術科目，但等級和向度兩種評分制度，讓師生在判斷表現時，有更廣闊的空間。

最後，所有DP學生畢業前必須通過IB大考，也就是「外部評量」（Exterrnal Assessment）的試煉。關於外部評量的題型與準備方法，將在第四章詳細介紹。

IB的教學方法與評分制度，讓我不僅擁有充實的高中生活，還備妥許多可帶到人生旅程的技能。徜徉在IB的四年間（MYP兩年加上DP兩年），我學習、感受、體驗到太多的意想不到，這建構了我的學術性格，並在無形中改變價值觀。

ＩＢ與臺灣教育的異同①：「政策」如何影響課綱？

為了讓讀者更瞭解ＩＢ，本節將透過與臺灣教育現況的比較，勾勒出ＩＢ在臺灣的樣貌。我曾看到為ＩＢ打廣告的機構或學校，總是大大抨擊臺灣的教育體制，以突顯ＩＢ的優點。但兩者都體驗過的我，並不會偏頗地認為只有ＩＢ好，而是肯定臺灣現有體制能為學科打下紮實基礎。

因此，我認為最妥當的作法是討論ＩＢ與臺灣教育的差異，如果想要深究為何ＩＢ能在國際舞臺上發光發熱，便要考慮到政策面和學習面。

首先，就政策面來談，我整理出ＩＢ與臺灣教育有三項差異。由此可看出ＩＢ的核心精神，也能充分認識其架構和運作。

1. IB重視且落實批判性思考

「批判性思考」是臺灣近幾年經常提起的概念，也是一〇八年課綱中重視的能力。然而，這在ＩＢ中早已行之多年，落實於教師的單元設計、學生的學習過程，以及課程中各種評量。更具體地說，師生在面對開放性問答時，不僅要批判性思考，更必須養成質疑任何概念或內容的習慣。

然而，在服從性較強的儒家社會裡，真正落實批判性思考需要一段時間。畢竟許多學生在面對老師的指導時，還是容易照單全收，甚至有些老師仍不習慣或不願意讓學生質疑。在臺灣的教育現場裡，固然已存在批判性思考的概念，但很難像ＩＢ一樣貫徹。

2. IB強調學術自主與自由

ＩＢ與臺灣教育皆有既定課綱，但ＩＢ對課綱有不同的定位和解讀。一般對課綱的認知是其中詳細條列必學的內容，而且老師在設計課程和教學時，得仔細對照和依循。我問過許多臺灣老師，他們都認為課綱相當重要，因為大考命題或相關測驗都和其脫離不了關係。

然而，IB的課綱設計非比尋常。舉例來說，PYP課綱中提供數個跨學科的大主題，各科老師必須在授課前共同備課，在各自的科目中尋找教授的項目。

某位IB老師曾說，**各科老師必須坐下來討論、交流資源並確定各自選擇的素材，才能決定課程安排**。換句話說，如果語文科與社會科老師的素材相互衝突，便要在會議中討論調整方案，讓學生更有效率地學習。

此外，老師互相討論、得到共識後，可以自由選擇教學的形式，設計出自己有興趣、教起來更「接地氣」的課程。

再舉MYP為例，MYP雖然有學習目標及

IB 常見問題 ③

Q：如果中途轉入 IB，在語言上有什麼要求，入學是否需要接受語言測驗？

IB 沒有具體的語言要求，語言政策是由各校制定。語言測驗通常不會拿來當作 IB 入學的條件，但應審慎評估是否能適應幾乎全英文的教學環境。

評量指標等固定課綱，但在單元的佈局及選擇上，老師有近乎完全自主的空間，可以自由地從單元中，選擇想深入研究的體裁及文本。如此一來，課程不僅更貼近學生，老師也能用自己熟稔的方式，傳授課綱中必學的元素。

相對於臺灣較制式的課綱安排，例如：經典三十或必修課文等固定文本，ＩＢ給老師更寬廣的空間，使學生能在這些自由度中，開拓更廣更遠的學習視野。

3. ＩＢ學程兼具本土及國際化

ＩＢ雖然名為國際文憑，但並非只在乎國際化的課程。ＩＢ鼓勵老師設計課程時，要以全球背景作為發想起點，同時也希望學生能將所學內容與自身連結。

也就是說，雖然各單元的核心是全球環境，但課堂中老師會引導學生連結與反思，將國際議題或重大概念投射到周圍環境。舉例來說，在「個人與群體」的科目組（類似社會科）中，老師試著將學校附近的社區、能夠合作的單位，融合至課程當中，找到概念與實作的平衡，可說是國際與本土的結合。

在各種教育現場裡，本土與國際常被掛在嘴邊，尤其許多老師習慣把國際化當作口頭禪。然而，國際化不單是指學習外語，**真正的國際化應該是建構根本及觀念**，而這也是ＩＢ從ＰＹＰ就鼓勵學生探索的核心。

如何在不忘本、不忘根的前提下，將視角拓展到國際範圍，並建立符合二十一世紀的素養和態度，正是ＩＢ的一大特色。放眼國際固然重要，但忘記站穩本土的教育方法，容易使學生失去學習的立足點。我認為這是臺灣教育必須考量的核心，也是ＩＢ能在多國開花的關鍵，因為它既本土又國際。

IB與臺灣教育的異同②：「學習」的主體是誰？

討論完政策面之後，接著從設計單元的方法，探討ＩＢ和臺灣教育在學習面上的差異。

以ＭＹＰ為例，其單元主要由「全球背景、主要概念、相關概念、探究聲明及探究問題」五個元素組成，可看出強調概念性理解與探究式學習。老師在設計單元時，首先要從六個全球背景中擇一當作單元的基礎（可參見三十九頁圖表）。

接著，從主要概念與相關概念的列表中，選出符合的概念，通常會選出一個主要概念及二至三個相關概念。然後，老師根據全球背景、主要概念及相關概念的內容，參考要選用哪些素材或文本，並用一句話當作貫穿整個單元的探究聲明。

老師在運作單元的過程中，隨時將這句探究聲明帶入課堂活動，引導學生用不只一份文本和方法，對照和反思探究聲明中的元素。另外，老師會設計由探究聲明延伸出的三種探究問題（事實性、概念性、辯論性），為學生更有邏輯地佈局單元重點。

教學結束後，學生大多能將主要概念與相關概念套入老師選定的文本中，並反思全球背景存在的意義，還同時瞭解探究聲明與探究問題，因此能在單元結束後，完成總結性評量（詳細介紹可見六十頁）。

這種單元設計與臺灣目前的教學大綱大相逕庭，不再只是用課文引導語文學科，用時序建構歷史課程，或是用公式和運算奠定理科基礎。

在IB的學習架構下，學生必須考慮多個面向。在教授文科時，學生不僅能學習文本中的知識，還會進一步思考如何連結文本的知識點與單元概念。舉例來說，在以「改變」為主要概念的「冷戰」單元中，歷史老師會將文本中的事件及人物與「改變」連結，引導學生深究問題，例如：哪位美國總統在冷戰中的決策對未來影響更大。

此外，學生在理科中，也不能僅完成題目或是背誦公式，還必須換位思考。簡單地說，學生得將所學概念套用到現實生活，並反思科學或數學如何影響生活。

MYP 單元設計流程圖

全球背景	在六個全球背景中，擇一當作單元基礎： ・特徵（認同）與關係性 ・時空定位 ・個人表達與文化表達 ・科學與技術的創新 ・全球化與可持續發展 ・公平與發展

⇩

主要概念	單元的核心概念與主要發展方向

⇩

相關概念	單元的相關概念，或主要概念的延伸

⇩

探究聲明	根據全球背景、主要概念及相關概念的內容，用一句話表示單元重點。

⇩

探究問題	由探究聲明延伸出的事實性、概念性、辯論性問題。

舉例來說，當老師在數學課中教授機率時，不只讓學生練習題目，還引導他們將數學與生活融合，實際找出與生活有關的連結，並加以反思，例如：自己和另一個人同天生日的機率。

用評量將知識轉化為表達模式

IB和臺灣教育一樣，所有單元都會以評量總結。然而，老師在設計課程時，只要依循單元設計，幾乎不受其他限制，**可以自由選擇評量的體裁和媒介。**

這種形式脫離用選擇題測驗知識的老路，也是以學生為學習主體的證明。學生

IB 常見問題 ④

Q：IB 是否有月考或段考？評量的運作模式為何？

IB 沒有硬性制定的考期，只要依照總部規定，完成一定份量的評量即可（MYP 的每個評分細項一年至少考核兩次）。

然而，多數 IB 學校仍以期中和期末評量的形式運作，以方便行政作業及確保學生的學習狀況。

若想在評量中表現亮眼，除了要應答傳統試題，還得具備「將知識轉化為表達模式」的能力。這是我認為ＩＢ評量最與眾不同的地方。當臺灣教育停留在選擇題或簡易申論題時，ＩＢ學生已經能用宏觀的視角看待所學習的知識。

談完政策面及學習面後，可以發現ＩＢ相當重視課程的概念和探究，而且嚴謹看待學術素養。ＩＢ的學習路上沒有絕對公式，但透過經驗談，能使尚未修習者有更進一步的理解，也能讓正在學習者走上方向更明確的路。

課外活動不課外，CAS讓夢想不再是嘴巴說說！

舉辦活動或組織社團對申請國外大學（尤其美國）相當有用，課外活動在申請書中的重要性不言而喻。因此，許多有意申請國外大學的學生，會為了能主導社團或擔任學生自治會會長而卯足全力。

不過，課外活動也常是學生苦惱的環節，畢竟花費大量額外時間服務或管理社團，很容易影響學業。但對IB學生來說，只要隨著架構走，課外活動就能不課外。

無論是MYP的核心活動「服務行動」（Service as Action，簡稱為SA），或DP的核心CAS（Creativity, Activity, Service），都要求學生設計或參與非學科活動，並寫作一系列的學習反思。這個聽似容易實則繁瑣的過程，讓不少DP學生提到CAS都會苦笑。

然而，ＣＡＳ是ＩＢ送給準大學生最好的禮物，它能確保學生在有效架構中，進行創造力、體能、公益服務等活動，而這些活動都是申請國外大學時，面試官喜聞樂見的經驗。

若要談我的非學科活動，就得從我喜愛的電視節目談起。我非常喜歡看《中國好聲音》。每年夏天，我都和家人沉浸於欣賞及討論節目的時光。某天，我如常收看節目，腦海突然閃過一個瘋狂的想法，於是拿起筆記下思路，正式開啟我為期三年的「校園好聲音」生涯。（詳細內容請見專欄一）

此外，我還是學生自治會會長。會長不僅要以服務學生為目標，還要融入創新和創意領導，這可以代表ＣＡＳ裡強調的「創造」與「服務」。擔任會長的兩年時光（首任及連任），無疑令我印象深刻，也是我自認最代表ＩＢ價值的經歷。（詳細內容請見專欄二）

也許有人想問，舉辦校園好聲音、學生自治會選舉，與ＣＡＳ有什麼關聯？下頁將ＣＡＳ學習目標與這兩個活動相互對照，可以發現它們和ＣＡＳ的核心息息相關。

ＣＡＳ與臺灣現行的服務學習課程有頗大的差異，由於ＣＡＳ更在乎個人與活動的

CAS學習目標	校園好聲音	學生自治會選舉
表現接受挑戰、發展新能力的過程	帶著第一季的成果，並接受第二季的挑戰，在賽事升級的同時，發展更高層次的統御能力。	接受選戰的挑戰，在激烈選舉的過程中，發展出新的交流模式，例如：網路溝通、一對一民意對話等。
計畫和發起活動	寫作單場錄製計畫、各組（行政組、節目組等）計畫，並向校內及校外相關人士溝通活動細節。	設計一系列競選活動，思考如何用最有效率的方式，組織約一個月的競選行程。
對合作的挑戰和益處有所認識，並具批判性地探討	與不同類型的人物工作及交流，包括導師、學員、工作人員、家長、老師等，發展與他人合作、協助組別合作的空間。	分辨選舉和執行政務的差別，任用擅長溝通及瞭解民意的人擔任幹事，組織有競爭力的競選團隊。

CAS 的7個學習目標與活動對照

CAS學習目標	校園好聲音	學生自治會選舉
認識自身能力與發展空間	認知自己組織的潛力，並將此能力從小活動延展到大活動。	辨明擔任自治會會長第一年的優缺點，提出能力範圍內可更精進的政見。
在活動中體現出恪守承諾、堅持不懈的精神	不畏辦理活動的複雜程序，恪守對學生的承諾，並堅持以一貫的態度，謹慎計畫和完成活動。	在民調差距大的情況下，堅持瞭解民意、傾聽學生反饋，且恪守登記參選時承諾遵守的選舉規矩。
表現對國際化的理解	研究國際大型比賽或頒獎典禮，掌握國際化的現況，並應用於活動中。	研究臺灣他校、外國學校的學生自治會運作模式，將國際經驗與政見寫作結合。
在活動中思考倫理道德	注重規則及評選，包括常規賽規則、入圍及得獎名單評選。	用辯論式語言回應對手的情緒性攻擊，思考並實踐如何合乎倫理地贏得選戰。

連結，且在二〇一七年取消時數限制，因此整體運作上可避免湊時數、非自願的功利性質，更鼓勵學生從自我成長的角度學習。

我認為CAS得以總結成兩個特色。第一，能達到極高的複雜度，所以可深入探討更多反思點。因此，無須以量取勝，只要利用二至三個夠深夠廣的計畫展現持續力，就能達成七個學習目標。

第二，培養的能力無遠弗屆。有位資深的DP審核員曾表示，DP畢業生未來從事的職業常與他們的CAS有關。得知這個說法後，我總是盡可能具體實踐喜愛的事物，甚至是塵封已久的夢想。

回到申請學校的現實面，CAS確實是精準到位的履歷建構工具（Résumé Builder），只要學校CAS負責人盡到嚴格把關的義務，其承載的重量幾乎都足以放進申請書中。

因此，我總建議DP學生：**「能大就不要小，能舉辦就不要只參與。」**如果透過充裕時間及縝密規劃，把小想法建構成大活動，完成DP核心項目不但能為申請大學鋪路，更可以實現夢想。

課外活動在ＩＢ裡一點也不課外，它不僅是ＤＰ的核心，也是轉換及應用學科技能的場所。如果ＩＢ學生依照課程步驟學習，自然得以積累豐富的履歷。

此節僅介紹ＣＡＳ的核心概念，以及如何透過ＣＡＳ的架構，規劃、舉辦活動和選舉，而詳細的活動細節，可參考專欄一與專欄二。

重新思考知識的本質，TOK幫你上一堂哲學課

TOK（認識論）是DP三個核心項目中的一個，這個項目的學習過程和哲學相似，旨在引導學生綜合各科知識和社會時事，讓IB更顯得獨樹一幟。TOK帶領學生思考有關知識的問題，期盼學生在課程中時時檢視知識如何產生，並意識到自己的思考模式。

剛進入TOK課堂時，學生多半對各種議題有某種程度的信仰、思考或想法，但TOK的原意絕非是推翻學生原有的認知，而是希望學生退一步、站到既定的思考模式外，思考並評論自己的想法，理解如何有憑有據地判斷論述，逐漸習慣用批判性思維建構想法。

在TOK課堂，學生必須面對DP各科目延伸出的議題，而各科老師在教學時也會

將課程和TOK連結。TOK往往會跳出語言、公式等基礎概念，從更高層次的角度觀察相關知識如何形成。老師為了讓學生積極思考，會巧妙結合日常案例，而學生必須用更敏銳的角度，關注生活大小事，並把這份思考力擴及至日常生活。

TOK的關鍵之一是看清本質，老師會介紹「共享知識、個人知識、知識論斷和知識問題」，引導學生檢視知識的形成和狀態，並用「認識方法」及「知識領域」分類具體的認知模式及類別，詳細範例可見五十一頁圖表。

簡單地說，在TOK老師及學科老師的雙向引導下，學生能快速分解概念，並在循環幾次後，形成一個知識模式。以下是TOK的論題範例：

1. 「在獲得知識的過程中，每個知識領域都會利用一個認識方法或網絡。」請參考兩個知識領域，討論此論述。
2. 「學科知識按照物競天擇的法則發展。」這個比喻多麼有用？
3. 「尋求知識的過程中，認識者的觀點至關重要。」你多大程度地同意這個說法？
4. 「若沒有學以致用，會削弱知識的價值。」請聯繫兩個知識領域，考慮此論述。

5. 我們採用的概念在多大程度上塑造結論？
6.「知識的精確和簡明之間總是存在某種取捨。」請聯繫兩個知識領域，評價此論述。

介紹完基本概念之後，舉一個日常生活例子，方便讀者更理解TOK。由於交給校內評估的TOK報告必須選定真實情境，並提出相關知識問題，因此我的TOK報告是和其他同學一起研究「語言」與「川普現象」的連結。

在此報告中，我們分類政治人物使用的字句，分析不同類型的語言模式在各個領域中的效果，並深入探討直接且偏激的語言，如何反映在川普（Donald Trump）初選的民調數字上，再舉其他例子（例如：北韓屢次在國際間放話）評估這個現象是否已是國際趨勢。同時，列出種族、政治冷感或體制內政治低迷等情況，當作參考依據。

在製作報告的過程中，我們追蹤時事發展，並用更高的視角觀察趨勢。這讓我更深刻地理解政治，對於進入大學修習課綱寫作及分析課綱也助益良多。因此，我建議學生多培養學科知識及時事敏感度，兩者都是人生的重要技能。

TOK中的基本概念

概念	內容
共享知識	在高度構造化的體系下，複數者（一人以上）留下的成果與知識內容，且會隨時間而變化。 例如：辯論、社論、群體對議題的回應。
個人知識	多為個人經驗，常與個人價值觀、興趣相關。 例如：個人評鑑、自我反思。
知識論斷	知識論斷分為兩個層次。第一層次是「個體在具體知識領域中的論斷」。 第二層次是「運用TOK的論證方式與工具證明，通常牽涉到知識本質的調查研究」（節錄並改寫自TOK指南）。 例如：煽動的語言能翻轉選民的選擇。
知識問題	知識問題注重的不是具體學科內容，而是建構與評價知識本身，若對應「知識論斷」，可說是第二層次的問題（節錄並改寫自TOK指南）。 例如：在何種情況下，煽動的語言能對人文科學的知識傳遞，帶來翻轉性的影響。
認識方法	語言、感官感知、感情、推理、想像、信仰、直覺、記憶。
知識領域	數學、自然科學、人文科學、歷史、藝術、倫理學、宗教知識體系、原生族群的知識體系。

專欄 1

把《中國好聲音》搬進校園的音樂旅程

我非常喜歡看《中國好聲音》，在節目播出的三年間，不僅一集不漏地看完三季所有內容，還把每節目中的歌曲都聽熟，因此相當熟悉各種讓節目更完整的細節，例如：賽制、賽程安排、主持等。

由於當時學校正值轉型，從未有學生籌辦較具規模的活動，於是我毅然決定把好聲音搬進校園，讓喜愛音樂的學生能有表現舞臺，也讓學校的ＩＢ元年更加精彩。

一開始，我計畫的人員組織為「三位導師組織三個隊伍，每隊六人，總計十八人」。看起來也許規模不大，但「零資源、沒知名度及學校小」這三個因素，令我只能先將野心侷限於此。

報名開始後，學生的反應出乎意料地熱烈，不到三天就收到超過六十份報名表。

這個好消息讓我決定擴大規模，招募更多志工，並邀請校內對音樂有鑽研或興趣的老師參與，以增加活動的深度。經歷兩兩對唱的導師考核、爭奪四強的個唱對決，以及三輪爭取組內冠軍的演唱，各隊都選出一位冠軍。

看到三位參賽者從學校的小角落，唱上成果發表的大舞台，讓我非常感動。初次啼聲，這個活動就在學校掀起一陣「好聲音旋風」。如今回想活動之所以能成功，可歸納為兩個原因：對喜愛事物的觀察與研究，以及始終如一地貫徹ＩＢ理念（包括ＳＡ和ＣＡＳ的精髓）。

對手是過去的自己，「校園好聲音」2.0的挑戰

反思是ＩＢ中非常重要的技能，而勇於挑戰更是不可或缺的精神。「校園好聲音」首季的風潮與初亮相有關，下一年若想召集更多優秀的人才，必須端出升級版才會更具吸引力。於是，我大膽邀請年僅十四歲、首季的冠軍擔任導師，並在節目錄製前邀請和徵選參賽者。

我秉持著初衷，下定決心比第一季更進步。很順利地，第二季的錄製上軌快速，剪輯成品也在網路上獲得首季的兩倍聲量。其後，在規劃每場錄製時，我都會檢討並精進，發揮ＩＢ的探究精神，研究各國歌唱比賽的系統與賽制，進而引進更接學校地氣的「導師對戰制」。

看著第二季的進步，我在開賽兩個月後籌組「年度盛典核心小組」，也就是第二季好聲音的決賽。大型活動並非有賽制就能上路，還要考慮經費、活動設計、嘉賓邀請、公關、多方溝通等環環相扣的元素。

在籌備會議中，我請幹部思考如何將ＣＡＳ學習目標融入設計，包括與活動、技能相關的要求，以及道德、國際觀點的期許。而且，在全體會議中，請其他工作人員找出能反映ＣＡＳ學習目標的細節。透過雙向檢視，第二季好聲音不僅充分彰顯ＩＢ精神，還提供更多ＭＹＰ及ＤＰ學生感受且經歷ＣＡＳ的機會。

在零經費的現實中，不忘把夢想辦得更盛大

一個月後，六強正式確定。節目組展開選歌、試音、彩排、定裝；行政組向餐飲學校發出產學合作的邀請，負責晚會餐食，向舞臺、音響公司確認晚會規格。

值得一提的是，**學校對此次活動沒有提供任何經費**。因此，在籌辦過程中，得向家長會、廠商等各方募資，才能讓活動順利運轉。在慣於舉辦活動者的眼中，可能覺得「零經費」不可思議，但ＩＢ教會我把目標想清楚，再條列出走向目標的必經步驟。實際上，這與做報告或評量相當類似，只是多了與人談判、交流及溝通的實務經驗。順帶一提，這些技能也和商業與管理相關，如果當時修習該課程，或許能做得更有系統。

經過三個月的規劃、五場彩排、超過二十位工作人員的合作，總算順利迎來盛典。在主持人順利且流暢的主持下（提前準備將近三萬字的講稿），學員和導師超水準的演出，加上工作人員傾盡全力的高品質服務，盛典伴隨著滿堂讚聲順利落幕。

常有人說：「坐而言不如起而行」，也有人說：「夢想不能只存在想像中」。在

CAS中，無論對於多麼大或小的事，都應審慎規劃且積極行動。如果能重視規則、尊重核心精神，有系統地規劃與經營活動，就可以化不可能為可能。

夢想路上有很多阻力，也會有很多酸民的閒言閒語，但IB精神提醒我包容不同的聲音。過去我只要一聽到質疑，就容易氣急敗壞地想澄清，經過這次活動，我雖然還是會受到酸言酸語的影響，但逐漸能從不同的聲音中，過濾出有用的養分，並篩選出有建設性的建議。

NOTE

/ / /

與其說ＩＢ有創意，我認為ＩＢ更強調創造；與其將ＩＢ定位為非傳統，ＩＢ更像跨越典型和非典型的「流動系統」。

第2章

從生活到學術，IB 教授的 7 大能力

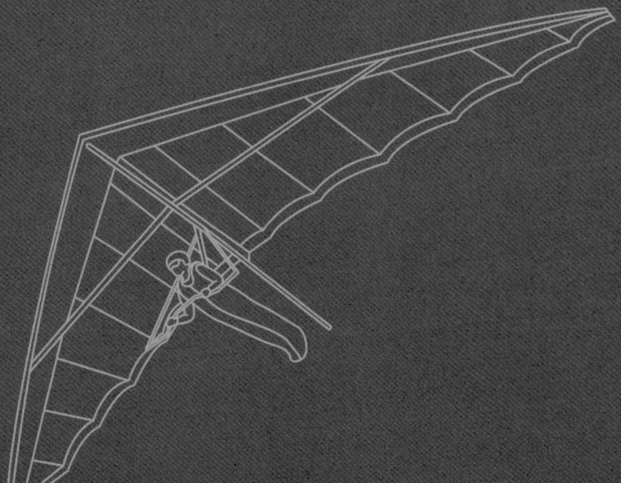

如何透過日常評量，培養學生的「創造力」？

從結果論的角度來說，ＩＢ確實幫我實現許多夢想，包括被四所英國名校錄取、在ＤＰ外部評量中取得前一〇％的成績、養成許多至今仍受用的能力。但是，一味的結果論似乎違背我「棄會考投ＩＢ」的精神，也容易淪為行銷ＩＢ的打手。

因此，每當我把ＩＢ與個人成功放在同一個句子，一定會強調讓我在思想、能力上經歷大風暴，終而促使學術上全面轉型的學習過程。

自ＩＢ畢業後，我很喜歡隨口問學生或家長對ＩＢ的看法或第一印象，答案都不脫「進步」、「非傳統」、「非典型」幾個詞彙。但是，我對ＩＢ的第一印象並沒有如此宏觀，僅是我在ＩＢ課堂中聽見的「形成性評量」五個字。

ＩＢ的課程中有兩種測驗形式，分別是形成性評量及總結性評量。第一次聽到形成性評量是在英文課，老師在黑板上寫了F，代表 Formative Assessment（形成性評量），並告訴我們：「今天的活動要用這個形式運作。」班上同學面面相覷，於是老師進一步剖析ＩＢ的評量方法。

形成性評量顧名思義，是在養成、建構及形成某項能力的過程中進行的評量，通常用於課堂討論、活動或平時作業，而且形式不拘。

相對地，總結性評量則是在單元或某個學習細項結束時，檢驗成果的工具。總結性評量的形式也很多元，老師能在ＩＢ評分向度的架構下，自由設計和單元相關的評量方案。

這兩個評量看似難懂，用一句話概括就是「形成性評量確認學習，總結性評量檢測學習」，而且形成性評量是總結性評量的基底，在學習過程中支撐學習成果。

創造型作業背後的學習架構

倘若用這兩種評量綜觀ＩＢ的課程運作，可以看出完整性。學生能跳脫單純學習知識和技能，而以交流或製作成品等方式呈現所學。

舉例來說，在MYP歷史課堂中，老師透過三個形成性評量，讓我們研究文藝復興時期的人物。這三個形成性評量分別是：寫作一篇探究歷史人物的文章、以人物形象及事蹟為基礎的角色扮演、檢驗基礎知識的問答題組。

經過形成性評量有系統地建構概念，老師接著介紹總結性評量：「為研究的人物製作一份求職履歷。」在這個總結性評量中，必須瞭解選定的人物，並換位思考他在某議題上可能出現的立場或反應。

當初聽到這個非常有創意的作業時，

IB 常見問題 ⑤

Q：在 IB 課綱全球通用的前提下，成為 IB 老師需要什麼條件或資格呢？

雖然 IB 課綱全球通用，且留給老師極大空間，但總部為求教學品質，規定老師定期參與總部或總部認證單位舉辦的訓練課程。此類訓練課程多為三日研討會，也提供可修習的網路項目。

我有些嗤之以鼻，覺得應該要寫篇正經的學術論文，才能反映研究成果。但實際提筆後，發現製作履歷不如想像中容易。好的履歷必須考慮人物性格才能適性打造，而我選擇一位不知名的工程師當作研究人物，自以為能靠冷門致勝，卻沒有足夠的資料能使用。

在製作過程中，我反覆觀看許多網站，才統整出該人物曾做過的事、說過的話，並推測他可能想尋求的職務。事後回想，終於明白老師設計三個形成性評量的用意。

坦白說，那時候我還不夠瞭解ＩＢ，只把形成性評量裡的角色扮演當作笑話。如果依照老師的步驟逐一完成前面的作業，應該能在總結性評量開始前，就蒐集到足夠的資訊，減輕許多煎熬苦思。

經過這次經驗，我更明白ＩＢ一脈相承的學習系統，也深刻感受到背後的核心精神。不論學習哪個科目，都必須一步一腳印地逐步向前，而不是逞愚勇挑戰體制。

如今我常告訴學生，雖然形成性評量原則上不計分，但能為總結性評量奠定可觀的基礎。

不只是創意！學好ＩＢ不可忽視的「基礎力」

每次說完ＩＢ的形成性及總結性評量，總會有人接著問：「讀ＩＢ都是做創意形式的報告嗎？」其實不然，ＩＢ不直接等於創意，也不能直接歸類為非傳統。如果一定要定義，我會說ＩＢ課程需要大量創造。

前面提到的履歷表只是評量的例子之一，在其他單元或科目中，可能必須寫作一篇引經據典的學術文章、正經八百的評析，或是有創意地模擬某個選舉候選人的參選演說。

ＩＢ的流動系統是什麼？

與其說ＩＢ有創意，我認為ＩＢ更強調創造；與其將ＩＢ定位為非傳統，ＩＢ更像跨越典型和非典型的「流動系統」，所謂「流動」是指傳統與非傳統並行的思考力。ＩＢ在授課、學習與評量中，既有典型的知識講述型課程，也有探究式課程。

我明白幾個評量特點並實作幾次後，終於掌握好步調，開始在ＩＢ評量中如魚得水。一開始，我和許多剛接觸ＩＢ的學生一樣，不明白流動性的奧妙，覺得只要和臺灣的傳統教育背道而馳，就等於進步、就是ＩＢ。

不過，我會有這個想法，是因為忽視自己從小打下的傳統基礎。我忘記自己背過古詩文和注釋、努力學過字音字形。

談起這些，是因為ＩＢ縱使創新，**學習時也絕對不能忽略基礎**。何謂基礎？諸如語言能力、寫作能力或理解能力都可以歸類於此。而且，沒打好基礎確實會成為學不好ＩＢ的致命傷，也是家長最不容易察覺的盲點。

舉例來說，ＩＢ的語言課程需要強大的語言能力支撐。有位資深的ＩＢ中文老師告訴我：「對語言不夠敏感的學生，學語言與文學會格外痛苦。」這句話不禁讓我反思，自己如何養成對語言的敏感度。仔細回溯學習歷程，我認為應該是進入IB前，在國文課背誦注釋和熟讀解析。當然，我不完全認同背注釋的作法，但必須持平地說，它現在仍對我的學習有所幫助。

在MYP的中文課

IB 常見問題 ⑥

Q：若從非 IB 的學校中途轉進 IB，可能會遇到哪些問題？又該如何適應？

從學習面來看，非 IB 學生可能不熟悉探究式學習，容易失去方向而陷入徬徨，像是不明白為何要提出問題，或是不知道老師為何詢問。

此外，非 IB 學生可能在課堂中不敢大膽放手，導致「創造不夠創意」或「批評不夠批判」。

然而，成熟的 IB 學校會提供學生銜接的輔導和課程，例如：介紹 IB 精神的講座、解說評量模式的教程，讓學生能迅速融入、適應。

中，我們閱讀余華的《活著》。這是我第一本以ＩＢ之名接觸的小說，讓我首次認真思考分析的意義。很有趣地，我雖然之前待在傳統體制，但比許多自詡「曾在國際學校待過」或「我比你更懂分析」的同學，更快速地閱讀和理解這部作品。我認為這大概有三個原因：喜愛閱讀；熟稔歷史（創作背景）；過去在國文課中建立穩健的基礎知識，並時常尋找延伸資料。

這三個原因無一不是良好基礎帶給我的優勢，但我並非建議一定要完全複製我國中的做法，而是思考如何培養順利進入ＩＢ的基礎。畢竟，**語言課程是要學生「用一個語言」而不是「學一個語言」**。

全世界都是我的文本，ＩＢ養成的「分析力」

閱讀理解是ＩＢ處理文學文本時最基礎的能力，無論把哪個語言當作母語學習，都必須深入解構文學文本，才能達到ＩＢ要求的學習水準，而其中的分析能力則是非常關鍵的技能。

分析是所有ＩＢ人最愛掛在嘴上的詞，我總是告訴學生，分析就是「解構再組構」（Deconstruct then Reconstruct），把作者的著作全部拆解再重新組織。ＭＹＰ四年級時，我對分析僅略懂一二，直到升上ＭＹＰ五年級，在英文課上學習《咆哮山莊》（*Wuthering Heights*）後，才真正懂得分析的精髓。

直至今日，我還是對當時在英文課堂中朗誦《咆哮山莊》的往事回味無窮。在只有九位學生的課堂裡，每人必須認領書中的角色，模擬角色的語氣朗讀文本。這個固定每週五舉行的閱讀活動，成為我們迎向週末前的小劇場。

起先，朗讀僅是綜合「文字理解」及「聲音表現」，也就是嘗試釐清故事情節、揣摩人物心情，所以曾有一段時間，我覺得老師的安排朗讀非常浪費時間。但之後我漸漸理解，透過朗讀前的準備作業，可以發現人物蘊藏著作者對社會環境的期待，角色的情緒也存有顯隱差距。實際上，朗讀的準備作業相當於解構故事內容及角色，而朗讀的過程便是用聲音及表情，重新組構被分析的元素。

英文課堂的朗讀讓我學會兩件事。第一，很多事情並非一蹴可幾，不要先入為主地以「有用或無用」劃分某個課堂活動，以免喪失寶貴的學習經驗。第二，文學作品不是讀懂就好，而是要懂怎麼讀。僅理解文字意義並不夠，要理解文字為何有意義，作者用什麼方式、基於什麼原因，賦予文字什麼意義。

全世界都是分析素材

經過ＩＢ的訓練，我習慣把生活中的所有東西當作可學習的元素，看到文本就試著分析和進行批判性思考，看到數據或結構就試著套入學習過的概念和理論。

習慣把學術與生活結合後，很多複雜、難懂，甚至難搞的學習內容，都變得能迎刃而解。如果要做到純熟的境界，可以從以下兩個面向切入：

1. 仔細觀察

觀察屬於主動的方式，但是在忙碌的生活中往往容易被忽略。我養成這個習慣的關鍵原因，是得知二〇一七年語言考卷將全面彩色印刷的消息。

彩色印刷代表學生多一個可分析的元素：顏色。此後，我開始關注身邊所有的彩色文本，包括飛機上的雜誌、路邊發的傳單，甚至是網路上隨意點擊瀏覽的頁面。每次看見彩色、多模態❷文本時，我會盡可能拆解，並思考背後的組構方式和原因。

由於在觀察的過程中持續進行「腦海中分析」（Mental Analysis），無形中培養出快速拆解文本的能力，因此我在考試前的閱讀時間中就能開始分析。

2. 在習慣或興趣中，找出「分析時刻」

第二個面向可以從興趣和喜愛切入。舉例來說，愛打電玩的學生在娛樂的同時，思考電玩品牌背後的行銷手法，或是程式設計理論。

以下再舉我自己的例子。身為追劇狂的我，假日最愛一邊追美劇《國務卿女士》（*Madam Secretary*），一邊思考歷史科的應試技巧，我總是拿著筆記本記錄主角和幕僚對話中的外交策略。雖然這是一部虛構作品，但編劇為求真實，內容皆經縝密考證及設計。因此，當我學會其中的詞彙或因某個決策而受啟發，便將這些知識延用到考試及課堂討論中。

說了這麼多，其實我想強調**學習可以很遠也可以很近**。也許課程看似困難、不易接近，但我們可以把它變得更生活化，畢竟「學己所愛」是個讓人享受的事實。

在國際暑期課程的課後訪問時間，一位學生告訴我他會拆解生活中看見的文本，並分析它們如何塑造不同的意義。另外，他告訴我ＩＢ訓練許多實務能力，例如製作簡

---

❷ Multimodal，不只一個組成元素的文本，例如圖片加上文字的雜誌頁面。

報。他說：「進入職場後，我可能不用為了做簡報熬夜，因為在ＩＢ裡都學過、做過了。」

那位學生在談話中透露的自信，讓同是ＩＢ人的我深感驕傲。我從對話中發現，他已把學習與分析當作生活中的一部分。當習慣分析日常生活的事物，進步與成長都會讓人非常有感。

知識是一條巨河，賦予學習邏輯的「循環力」

在許多教育現場裡，學生學了不見得懂，懂了未必會用。ＩＢ為了破除這個問題，從教學到評量都嚴格要求，若無法發揮所學，將知識轉化為表現形式，就難以學成。說到這裡，我想強調許多人常忽略的重要觀念，也就是ＩＢ的有「跡」可循。

這裡的「跡」指的就是「規則」。在一切都有明確規範的前提下，能夠有條理地解決與處理很多事情。以下將針對ＩＢ的理科與文科，分別介紹有跡可循的事例。

理科的學習循環力

許多ＩＢ學生和家長容易產生「理科能靠做報告撐過去」的迷思，而且ＩＢ理科

（尤其在ＭＹＰ）的報告比重確實很大，因此文筆較優秀或流暢的學生能佔有很大的優勢。不過，這樣的迷思容易忽略理科的學習循環。

我從小就覺得自己文科比理科強，不過進入ＭＹＰ四年級後，我竟然開始在數學和理化兩個科目裡取得高分。其實，我的理科分數會飛速提升，並非因為大腦在ＩＢ教育下「由文轉理」，而是因為ＩＢ理科教育強調概念性理解，為我勾勒學習理科的精準循環。

舉生物的「細胞」單元為例，老師教學時會從最基本的概念談起，引導學生建立紮實的知識基礎，再將不同的概念連結成線，進而延伸出「細胞分裂的過程」等跳脫單一概念的知識網。在學生具備知識和理解後，ＩＢ老師會帶入大量的「探究」。

探究具有步驟性，能讓學生瞭解知識產生的過程與脈絡，透過有效的引導，會發現所有的知識發展都有清晰的邏輯。

在ＩＢ的科學課程中，「探究」、「設計」、「處理」、「評價」、「反思」是每個單元必經的學習循環。在這個循序漸進的步驟中，學生會先理解細胞的概念、設計並進行跟細胞有關的實驗、評價該實驗的學習成果，最後再探討社會、國家及世界在細胞相關議題上的立場。順帶一提，我過去在學這個單元時，從沒想過單元的最後一個評量，是寫一篇探討幹細胞與道德的短論文。

論知識，由小而大，IB帶領學生從單一到整體，有系統地探究與建構。論視野，由淺入深，學生會從理解事實到反思社會的過程中，明白大事件如何形成，並讓基礎知識和思想交流，產生激盪與火花。

IB 科學課程的學習循環

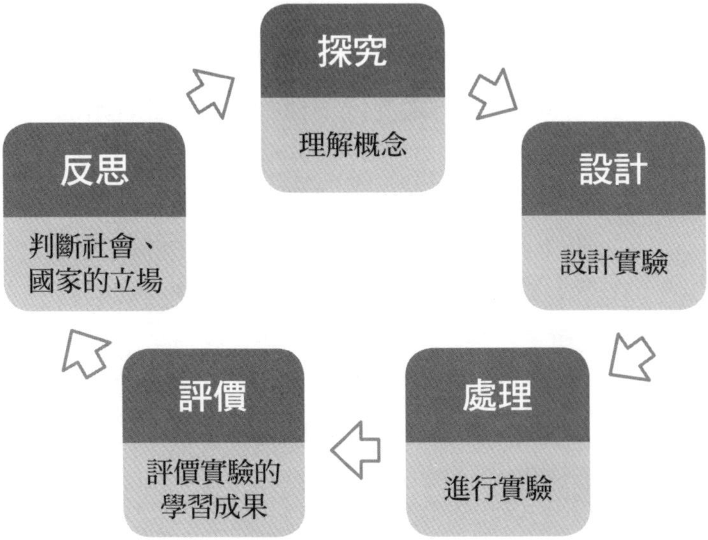

文科的學習循環力

除了可以在理科上驗證學習循環，在文科上也能充分看出IB重視學習脈絡，尤其是在語言課程上。

截至二〇一八年，IB共有四個官方語言（英文、西班牙文、法文、日文）。作為官方語言有幾個好處：首先，所有文件都有官方

IB 常見問題 ⑦

Q：學習循環力有助於理解各科的條理與脈絡，但許多人習慣定義自己為文科人或理科人，IB 如何跨越文理之間的隔閡？

IB 課程除了設定各科目的學習內容和需求，也要求老師設計「跨學科」單元，鼓勵學生去掉科目間的邊界，用綜合式的方法理解各學科。

跨科單元的呈現方式眾多，例如：運用中文課的分析力，分析音樂課討論的金曲獎入圍作品；或者用化學課的概念，寫作語言課的科普篇章。

雖然 IB 也分文理科，但學生不會被過分地貼標籤，因為 IB 重視連結，學生必須適度文理交融。

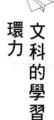

語言的版本，而且所有科目組的課程都能用官方語言教授，這對母語非英文的學生來說是一大福音。在這樣的語言政策下，等於是一套理念、一種設計，四軌並行。

此外，ＩＢ語言課程的運作更是一絕：**一種課程、一套評量，全球所有語言共用**。換句話說，只要是腦袋想得到、有開設的語言，都使用一樣的課綱，接受一樣的評量。截至二〇一八年五月為止，ＩＢ第一組的語言課程共有一百七十二種語言，再加上每年的應考量，ＩＢ絕對是個資源豐富的大數據庫。

由此可以看出ＩＢ注重規則與謹慎，而這份嚴謹也從政策面深入科目端。ＩＢ所有科目都有評量說明，學生若能提早認知到政策方面的依循準則，便能在學習過程中以此為本。也就是說，寫作評量時，只要對照細則，成品便不會偏離官方或老師的要求。

文科也好，理科也罷，ＩＢ每門科目的設計都有跡可循。只要在學習過程中注重概念、重視探索、堅持創造，且時常反思，所有學生都能有結構地習得所需知識，進而轉換為符合評量要求的學術表現。

如何兼顧玩樂與學業？超越學術的「時間管理力」

國際知名大學酷愛ＩＢ畢業生（尤其是修習ＤＰ課程的學生）的另一個原因，便是因為課程的高難度及緊湊度，迫使學生必須培養出高水準的時間管理能力。

我自認時間管理得當，總能在大家抱怨時間不夠時準時完成作業，不論是藝術課的展覽期間，或是外部評量前都是如此。在修習ＤＰ時，我從沒有一次因為課業而超過十點就寢。

將待辦事項分為「規劃」和「寫作」，效率提升二〇〇％！

管理時間的兩大關鍵是「知道自己有多少事情」、「明白自己有多少時間」。

因此，週日晚上我會**先列出未來一週的作業和考試，將它們分成「規劃」和「寫作」兩類**。

針對規劃類的事情，我會利用零碎時間先記錄想法，以便在正式寫作前讓思路完整發展。對於寫作類的事情，則會安排課後時間，以每週兩天、每天兩小時為原則，在那些時段好好坐下寫作。而且，寫作時不會進行任何研究或討論，因為那些在規劃階段就已完成，只需要將已佈局的思路轉化為文字。

我明確區分兩者之後，效率不僅迅速提升，品質也能在專注的情況下大幅成長。然而，我發現很多人容易忽視研究對寫作的重要性，或輕忽專注寫作的高產量。

舉例來說，寫作數學的研究報告時，我利用校內數學課的空檔時間，完成計算與研究的部分，再利用自習時間統整資訊，最後於寫作時段完成草稿。經由這樣的步驟，得以在三小時內完成八頁報告的初稿。由此可見，掌握資源後，寫作就能快速到位。

用早起取代晚睡，時間運用更有效率

每次提到時間管理，都會有人認為我的想法過分樂觀，只是紙上談兵。針對這個質疑，我想談談我養成的時間習慣。首先，因為從國小開始每天早上都必須早起，所以幾乎都在十點前就寢。

然而，我升上八年級後，開始發現時間有點不夠用，要十點前就寢有些困難，於是調整作息時間，將原先的六點起床改成四

IB 常見問題 ⑧

Q：請推薦學生你認為有效的備考方式。

我擬定備考計畫時，會用時間思維來思考，透過以下規劃時間的方式，能有系統且有效率地學習：

1. **用科目區分**：一個科目複習兩天，循環複習各科目。
2. **用單元區分**：再把各單元填入科目中，每個單元至少複習兩次。
3. **用試題區分**：最後嵌入考古題，兩週寫完一輪。

點半，充分利用早上的時間。

早上讀書有很多好處，像是網路比較快、無人干擾，或上學時更有精神等。因此，我就算有點累還是堅持三年。在這些晨讀的時光裡，我可以在上學前先打通思路，一早就備足全日所需的能量。相信對課業繁重的學生來說，早起的習慣應該有一定的益處。

另外，我經常告訴學生，別不知不覺地浪費時間。尤其是自習課數量多的ＩＢ學生，常誤以為多出來的時間可用來打電動或睡覺。實際上，ＩＢ的課程佈局是為了保障學生在有限時間內，習得能力及學習架構，並將更多自主時間用於學習知識及實質寫作等活動上。

一開口就 Hold 住全場，在ＦＯＡ發揮不一樣的「簡報力」

延伸口頭活動（Further Oral Activity，簡稱ＦＯＡ）是語言與文學課程的評量，核心是創意、創造及批判，學生必須進行十到十五分鐘的展演，表現形式不限。

有人說ＦＯＡ是語言課程中最簡單的評量，因為它的形式比較輕鬆，而且可以展現更多創意。這個說法確實有幾分真實，但要在ＦＯＡ中取得高分，還必須注意形式、體裁與多元性。

1. FOA的形式

學生在開始ＦＯＡ前，必須先選擇展演模式，包括研討會、演講、辯論或角色扮演等。除此之外，也鼓勵學生大膽探索新興的傳播媒介，例如：網紅影片或節目訪談形式。

選擇形式可說是ＦＯＡ最關鍵的決定，因為必須先選定形式，才能延伸出適當內容。舉例來說，曾有同學模仿《康熙來了》，以綜藝訪談形式完成ＦＯＡ。他們需要依照角色佈局談話，還得從不同人物的視角揣摩最貼切的表述方法。

2. FOA的體裁

ＦＯＡ通常以文本作為發展基底，而在選擇文本的過程中，體裁蔚為關鍵，且基底文本必須達到開啟話題的作用。換句話說，選定的文本要能引起共鳴、製造話題或提供某個獨到視角。

根據我的經驗，社論是最好運用的體裁，因為社論往往是觀點豐富且深入的文本，若學生敏銳地發掘出其中精華，以及形塑立場的過程，便能命中核心及趨勢。舉例來說，曾有學生選擇使用評析政局的社論，作為演講稿的背景資料，也有人在角色扮演前，閱讀有關該人物及社會族群的評論。

3. FOA的多元性

FOA是推行多年的評量形式，原創是重要的條件，因此奪高分的關鍵之一就是突破。雖然重複他人的主題不涉及學術誠信，但我認為關注時事、融合興趣是跳出既有框架的良方。

不論是形式、體裁還是多元性，把自己的所愛結合FOA，或是將時事融入評量中，都能展示出獨一無二的成果。以下提供幾個FOA的形式及主題範例：

- 研討會：討論使用粗語的時機及合理性，並探討其與文化和語境間的關聯。
- 演講：模擬總統當選人的就職演說，並分析演說講稿所使用的語言。
- 辯論：透過實際辯論「死刑存廢」，討論勸諭性語言的使用與效果。
- 角色扮演：重現電影橋段，並分析電影中的語言如何反映女性意識抬頭。

在FOA舞臺上的總統辯論

從上述舉的各種案例，可看出FOA的多元與彈性，而我自己實際進行這個活動時，也深感其豐富的表現方式。在「語言與大眾傳播」單元中，我和一位朋友臨時起意，選擇模擬川普和希拉蕊的辯論，分析兩人的演講及平時受訪時的語彙，討論誰更有總統風範。

我們確定方向後，開始研究兩位候選人過去的演講稿，從中整理出常使用的詞語和句式。接著，根據統計結果撰寫大約十分鐘的辯論稿。FOA當天，我們戴上兩位候選人的面具在教室裡展開對決，在事先準備的鈴聲、主持人音檔等擬真音效下，觀眾彷彿真的打開CNN。

這場辯論引來滿堂彩，老師讚賞我們針砭時事及應用語言的精準度，也驚訝我們能跳脫傳統報告形式，呈現得如此精緻。

偶像劇搖身成為FOA文本

除了辯論之外，我的歪腦筋還動到平時的興趣上。喜歡看電視的我，對臺灣的偶像劇情有獨鍾，到了英國後，發現許多中國大陸的同學也甚愛臺劇，可見其影響力。因此，我選擇在某個FOA中，分析四部偶像劇的性別意識。

說到這裡，我要揭露一個無人知曉的秘密，當時我選用四部由劉以豪主演的偶像劇作為素材，因為我當時心儀的對象是他的頭號粉絲，這可真是把「融入喜歡」發揮到極致。

撇開這個小插曲，我在FOA裡以研討會的形式，分析這些劇作的影片、海報、原創小說及劇本，深度剖析四部作品在角色設計、劇情進程，及它們在整體社會中，如何展現各自的性別意識。

舉例來說，我深入分析《喜歡一個人》如何以「女剛男柔」的角色形象，顛覆傳統套路，也討論《沒有名字的甜點店》如何在第一集，就大大展示社會對女性無形且巨大的性別期待。

這兩個例子僅是這個ＦＯＡ的一部分，我另外挑選三篇以媒體素養和媒體識讀為題的社論，反思劇作的性別意識，同時討論媒體在思想傳達及建構上扮演什麼角色。

有人問我：「大家的ＦＯＡ都這麼有趣嗎？」也有人問：「ＦＯＡ一定要做成這樣才行嗎？」其實不然，有的同學選擇嚴肅的議題或較專業的文本來討論，舉例來說，挑選一篇社論，並針對其中的正反觀點，分別評價或辨析公投案中正反方的立場。

當然，每個人的學習方法不同，但對我而言，若能深度研究平時的興趣，進行的速度及討論的深度都會更有水準。

怎麼有條理地寫文章？融合論點與想法的「寫作力」

IB中的DP以學術強度著稱，相對於只要完成最後考試即可拿到認證的AP（Advanced Placement），DP長達十八個月的完整學術歷程具有更高的強度，這也是知名大學特別喜歡DP學生的原因。

除了科目有大學難度以外（據某位臺大碩士所言，化學SL課程的內容已有臺灣大二難度），學生還必須在課業、CAS及大學申請等項目裡取得平衡。因此，常有人說：「讀完DP，大學就輕鬆了。」

在DP兩年的學習歷程裡，我確實面臨很多不同的挑戰，許多科目都出現有別於MYP強度的作業，讓我必須加快速度跟上進度。其中令我印象最為深刻的，就是三大核心項目之一的EE（延伸論文）。

EE 是個大工程，學生要選擇一門科目、設計一個研究問題，再寫作一篇四千字的論文。同時，ＥＥ還要求資料來源完整、學術誠實為首位等。

雖然臺灣許多高中要求學生撰寫小論文，但ＥＥ是以大學畢業論文的高度要求學生，不論是文獻閱讀的深度，還是論題設計的原創性，都必須更審慎地考量。另外，學生若無法通過此評量，便無法獲得ＤＰ文憑。

雖然我的指導員要求很高且嚴謹，我的ＥＥ經驗卻沒有這麼慘烈，因為我當時把這段研究、寫作及校稿的過程，當作初嘗大學滋味的機會。

選擇寫作科目

選科目是一切之始，也是決定命運的時刻。因為ＥＥ並非只是單寫四千字，背後還有多個月的研究及調查，而且選定後就會跟著自己一年多。還記得在ＤＰ一年級的中期，我曾在許多科目間猶疑不定。

為了找出適合自己的科目，我訪問幾位選擇化學及數學領域的ＩＢ畢業生，他們都表示理科的論文較難突破，其中最困難的是跳脫單純說明，在論文中融入探究及證明等新想法。另一方面，歷史則是全世界最多人選擇的科目，而藝術的專門性極強，寫作的學生大多準備申請藝術相關科系。經過多重考慮後，我選擇「英文語言與文學」，完成這四千字的作品。

主題發想

與平時寫論文式的作業和評量不同，著手進行EE寫作前，我花了一個多月發想。發想期間，我條列出英文科範疇內有興趣的內容，再思考主題與我大學想修的科系能產生什麼連結。順帶一提，大學面試時EE經驗及主題是相當加分的項目。

我列出的清單上有「純文學作品分析」、「廣告分析」及「演講稿分析」三個主題，但考慮到純文學的分析內容可能過度限縮、廣告分析難與商管科目區別，於是最後選擇分析演講稿。

這個想法源自二〇一六英國脫歐。當時大家都覺得留歐會勝出，同樣這麼認為的時任首相卡麥隆（David Cameron），也為此在唐寧街十號前宣布辭職。看著他的辭職演說，我發現英國人的政治演講裡，有許多具高度和深度的用典及修辭，如果逐一深究應該能有很多分析的空間。

不過，指導員建議我不要只專注於辭職演說，而要綜合更多議題及不同政治領袖，才能寫出一篇更有社會意義的文章。

資料蒐集

參考指導員的建議後，我看遍當時網路上的演講影片，也開始從資料庫裡尋找年代稍久的演講。最後，為了顧及研究的一致性，我決定分析三位英國首相的演講，分別是柴契爾夫人（Margaret Thatcher）、布萊爾（Tony Blair），以及卡麥隆。

確認研究方向後，必須再條列出研究細項。首先，我找出三位首相任內最關注的議題，先從政治與政策層面理解背景，再攤開他們於重大演說中觸及的議題及表述方法。接著，從演講稿中找出他們的語言特色，包括選字、修辭、基調等。

把這些概念都整理出來後，我決定分析三個首相各自的三個方向，一共九個部分。於是我找出九份對應主題的演講稿，仔細進行語言式分析，識別其中的語氣、基調、修辭等元素。接著，從學校提供的資料庫裡，找出學者的研究、政治專家的評述等，將結論轉換為自己的語言。

細寫大綱及著手寫作

寫作文章時若有明確的綱要便能事半功倍，尤其寫作字數多達四千字，若未規劃即下筆，可能需要極大的天賦。

在EE裡我是個規劃狂，不僅列出九個部分中要用到的文本，還在每個部分劃分出三個小重點。由於已蒐集大量的資料，我在開始正式寫作前，大綱的字數就已達到兩千字。

「把長篇文章小節化」是我處理報告的習慣，這也一直延續到大學，在拿到評量說明後，我會規劃段落和字數，讓寫作成為有條理的行動。

我寫作ＥＥ內文的時間很短，只坐在電腦前兩次，每次大概七小時。據說有些ＩＢ學校會讓學生全體坐在體育館，花一個週末的時間完成論文。

反覆校正

產生四千字的草稿後，不代表ＥＥ就此結束，ＥＥ的挑戰在於不斷提升現有的四千字品質，包括基本拼字和文法，以及用詞、論點等具批判和創造性的判斷，而這些元素都必須一再調整才能達到高標準。

經過事後統計，我在繳交前一共更新十四版草稿。對照首份草稿與第十四版後，發現其中的差異不僅僅是字詞更替，表達的流暢度也變得更有層次。

加強論文品質的方法很多，對我而言最有效的就是**大聲朗讀，再請信任的第三者閱讀並提供建議**。大聲朗讀可以確認語句的通順度，同時掌握段落的節奏感。朗讀四千字不是簡單的事，但我卻非常享受這個過程，因為朗讀同時也在深刻回憶創作過程，更懂得如何讓初心貫徹整篇文章。

另外，第三者的閱讀與建議也為我的作品增添更多視角。我將十四版草稿分成寫作前段、中段和後段三個版本，並分別請不瞭解主題、但對寫作深有研究的三位朋友閱讀。這麼做有助於確保整篇論文的定義和論述，也不會只停留在大眾認知的術語和概念上。

經過三次的閱讀，朋友們給我各種層次的建議，其中最顯份量的就是寫作的邏輯順序。從第一份想法四射的初稿，到能依照論題有序發展的終稿，讓我實質體驗到「寫作即思考」的道理，更明白**論文不能只是寫下想法，如何整理、排序及呈現才是重要關鍵**。

成品產生

經歷大約一年的發想、討論、寫作、校稿及最後的面試，我在ＤＰ二年級的上學期尾聲，走完ＥＥ所有作業流程，完成四千字論文。

這是我的第一篇長篇文章，也是第一次花這麼長時間於一項學術作業。一開始我很排斥任何需要長時間作業的事，但經過我與EE指導員的來回攻防，以及對草稿優缺點的反覆斟酌，我漸漸理解好事多磨的道理。

想法需要經過醞釀，才能成為有理有據的論點，而論點產生後還需要充足的研究及佐證，才能寫出有品質的段落並構成文章。經過EE的經驗，我建立往後對待所有學術作業的態度：**謹慎但不拖延、仔細且莫忘初心**。

他人的EE經驗

我曾訪問一位正在修習DP的學生，他選擇以商業與管理作為寫作EE的科目，並挑選某家公司作為研究主軸，探析能讓該公司更精進的方案。

有別於我的經驗，他必須走出研究室，採訪該公司的主管，同時也要透過更多實務或案例研究，提升第一手資料的深度。聽他談及自己的經驗，我看見EE完全不同的面向，也從他蒐集資料的方式，看見研究的多元性。

另外，我看過一篇化學的EE論文，主題是生活中的有機化學及生化科技。這篇

ＥＥ運用大量的科技支撐文章架構，並透過化學運算軟體製作出原創圖表，將幾個已知結論組合成新的比較。看到這篇論文時，我深感於ＩＢ的高難度標準。

順帶一提，在理科的ＥＥ中，找到百分之百原創的主題幾乎不可能，理科論文考驗的是學生轉換議題，並用不同方法統整的能力。

最後，我訪問到一位學生用中文寫作ＥＥ，並在論文中分析某本純文學作品。這個主題的優點在於不必做太多研究、可適度從個人觀點出發，缺點在於閱讀太多資料後，分析可能會充斥他人影子。不過，用四千字分析一本書所訓練出的能力，可以運用在其他領域，甚至能提升語言科目的評量分數。

專欄 2

走一條迷你政治路，我的學生自治會經驗

選學生自治會會長是DP一年級時的決定，很多人問我是不是為了申請大學才參選，但我心中從來沒有這個想法，也沒有在申請大學的文件裡，提及自己曾任學生自治會會長。我明白會長一職對申請大學有一定的影響力，也曾聽聞哈佛大學一個系所有八成學生擔任過會長或副會長。實際上，我決定參選時只有一個想法：「我能為學生做什麼？」

我花三、四個月思考這個問題，不僅歸納學生對校規、權益的看法，也思考了可舉辦的活動，在草擬出十個學生會能努力的方向後，我決心參選。

學生會無疑是寫CAS反思時最豐富的素材庫，因為會長這個職務會被放大檢視。舉例來說，每次公開演講，都必須思考要給出什麼可實現的承諾，並用學生可接受的

方式，說服他們學校不是敵方而需要雙方溝通。畢竟籌組學生會的目的之一，便是建構學生與學校溝通的橋樑。

卸任前的一大挑戰，如何在民調懸殊下取得連任？

不過，真正的挑戰在於首任任期接近尾聲，面臨是否爭取連任的抉擇。當時秘書長及許多學生會成員都勸進，使得原本無意爭取連任的我，開始思考還能為學生做些什麼。採集各方意見並評估如何進步和創新後，我決定領表參選。

從登記參選到投票之間有一個月的時間，在選戰進入第二週後，我和競選團隊從支持者中找出各班級的代表，請他們擔任分點的競選幹事，協助彙報選情、拉票、宣傳。同時，我們請各班級的競選幹事私下做民調，用不經意的聊天方式統計每班的狀況。沒想到，在選前三週集結十個班級的民調後，卻發現落後對手將近二五％。

經過一連串的奮戰，我得以順利連任，但如今仔細回想當時的情況，我認為以下四個關鍵讓我得以翻轉劣勢：

1. 仔細整理民意，針對選民的真心話對症下藥

民調出爐的晚上我寫了一篇CAS反思，仔細整理競選幹事回報的民意，發現多數民意都是「換人做做看」。為此，我決定讓副會長候選人當競選門面，並為她寫了一篇有說服力卻不失可愛的演講稿，讓學生感受到新血的加入，而且更有能力。

2. 利用午休時間跑班競選，同時鞏固支持與扭轉成見

新的一週，我們利用午休時間到各班競選。星期一和星期二先到民調領先的班級鞏固支持度，副會長候選人則到民調落後的班級破冰，努力扭轉原先的成見。週三，我們第一次共同競選，到民調領先的班級拉開領先幅度，週四再到落後班級拉票。經過這些行動，發現民調從上週落後的二五％縮小到一五％。

3. 透過大規模辯論交鋒翻轉選局

由於這個競選方式效果顯著，我們在第三週便繼續延用，並同時展開與學生的一對一對話，希望能攻佔對方陣營的鐵票倉。不過，我認為翻轉選局的關鍵，在於第三

週的重頭戲：辯論。

我利用課餘及課後時間模擬辯論，並請小學老師及DP老師擔任我的辯論對象，模擬對手可能提出的問題及反駁。

經過IB訓練、CAS經驗，及事前的模擬演練，我在正式辯論中取得不錯表現。數據顯示有五六%學生認為我贏得辯論，選前五天的民調也追趕到只落後三%。

4. 選戰倒數，用網路提高聲量並凝聚支持度

週末時，我與競選團隊也絲毫不鬆懈，開始展開大規模的網路戰。經過總幹事的社群操刀，一天一發文、一天一宣傳片，以「We are Ready」為宣傳標語，鼓勵學生們「六月一號，票投一號」。

選前一天，各班的競選幹事都表示民調做到非常精準，幾乎能掌握每個人的意向，估計會以三%勝出選戰。結果不出所料，我很榮幸地連任成功，翻轉一場原本落後二五%的選舉。

NOTE

/ / /

無論是整趟ＩＢ旅程，或兩年的ＤＰ都只是成長過程的一瞬，如何累積帶著走的技能，比怎麼拿高分更具意義。

第3章

DP 大學預科項目，我與學術的近距離接觸

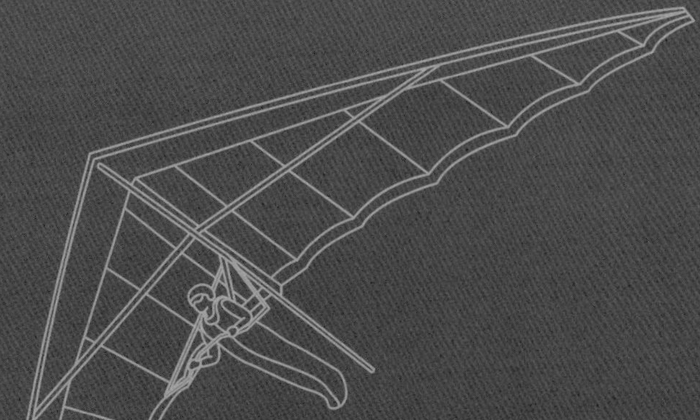

選一張夢想藍圖，踏進愛上學習的DP旅程

「你確定嗎？」這是MYP接近尾聲時我天天被問的問題。MYP五年級的第二學期是IB學生非常焦慮的時刻。因為所有確定繼續就讀DP的學生，都要在這個時候交出選課單。

我曾經將一場以DP選課為主題的演講命名為「『選』一張夢想的藍圖」。雖然聽起來有點像廣告文案，但這麼說一點也不誇張，選課選得好確實能為自己提振士氣。然而，怎麼選課才算選得好？我認為是能平衡強項、興趣及未來主修。

在領好選課表的夏日午後，我迅速填上推敲超過一個月的六科組合（中文語言與文學HL、英文語言與文學HL、歷史SL、化學SL、數學SL、視覺藝術HL），並馬上交上。這一交共有三種「內行人」齊聲問我：「你確定嗎？」

懂DP課程難度的朋友問我：「你確定嗎？兩個語言都選第一組就算了，你確定還要兩個都上HL嗎？」

懂我繪畫天份的朋友問我：「你確定嗎？你連火柴人都畫不好，確定還要選視覺藝術還上HL嗎？」

懂我的媽媽問：「你確定嗎？這樣壓力會不會太大？」

面對這麼多個「你確定嗎」，說我從未動搖是絕對不可能。但基於對課程的研究以及對自我的瞭解，我仍然做出這個選擇。接下來的章節，我並不是要談怎麼選課，而是想分享我如何度過精彩且極其享受學習的兩年時光。

IB 常見問題 ⑨

Q：DP 的科目琳琅滿目，建議怎麼選課？

選課時，若對未來已有明確想法，可以到目標大學的官網查找科系要求的科目。若想選擇商科，商管必須選 HL；若想選擇設計相關科系，視覺藝術必須選 HL。

如果還沒找到清楚的方向，可以將強項作為選課依據，因為強項往往和未來發展方向有關。

對我而言，學習ＤＰ的過程從來就不是為了追求分數，這麼說可能八成的人都不相信。但是，我至今仍記得在遞出選課單前，曾對自己說：「這個決定是為了讓我開心學兩年，並在學習過程中更認識及充實自己。」

語言與文學課①：不只「學會」還要「會用」！

由於英文並非我的母語，因此選擇ＤＰ英文語言與文學（簡稱ＤＰ英文）的高級課程，其實非常有挑戰性。不過我深信勤能補拙，在我的經驗中，反覆練習寫作或口說，並讓自己多暴露在英文環境下，都是極為有用的方式。

回想ＤＰ的課堂，我認為有兩大的特點：節奏快、主題性強，而這兩者使得每堂課都緊湊且充實。

用粗話開場的ＤＰ英文課

我至今仍印象深刻，英文老師曾在課堂上要求每位學生「罵一句粗話」，這個突如其來的指示讓大家充滿疑惑。原來，老師那天要教「文化語境」單元裡的「語言與禁忌」，而粗話作為語言禁忌的一部分，是個很好的開場活動。在快節奏的課堂裡，老師用這個特別的活動，成功吸引所有學生的焦點。

很有趣地，一開始我身邊比較含蓄的女同學有些彆扭，但隨著氣氛升溫，大家都豁出去破口大罵。活動過後，我們開始研究粗話的背景，包括字源及字義的遞移，也探究文字意義產生及轉變的過程。

「哇！」是我下課後的第一反應，原來一個簡單（大眾普遍認為不妥）的字，背後有這麼宏大的歷史及文化背景。短短九十分鐘的課堂，我們竟能由淺入深地探討語言的精華。我在讚嘆英文的奧妙之餘，也佩服ＩＢ課程的主題性，能使課堂有如此精彩的激盪和翻轉。

用各大主題拆解《臺北人》

除了探討粗話的文化背景，文學單元中也時常展現主題性。在ＤＰ中文語言與文學課（簡稱DP中文），我最喜歡的文本是白先勇的《臺北人》。這本書以今昔對比為主軸，描摹上海人在臺北的生活，老師用各種主題解構，並讓學生詮釋、賞析再組構。

剛開始拿到文本時，老師分配每個人一篇短篇小說，並在每堂課拋一個主題，請學生細究後，於下堂課綜合討論。

第一堂課，老師要我們以「場景的設計與描繪」為主題，探究文本中的場景（例如：回憶中上海的黃浦灘、總

IB 常見問題 ⑩

Q 念了 IB 之後，就不用考托福、雅思等語言測驗嗎？

讀 IB 不等於不需要考語言測驗，不過 IB 學生申請海外大學時，在以下情況下可以不必考語言測驗：

1. 英文為母語，或是在全英文環境下學習超過一定時數。
2. 修習「英文語言與文學」課程，或是「語言習得」課程，並達到各校要求的成績（部分學校不接受「語言習得」課程）。

在開席的尹公館）及其存在的意義和價值。這份作業著重文本中極細微的小細節，不僅要熟悉文本，更要有細緻的觀察力，才能分析元素並加以闡述。

經過五堂課，聽了五個文本的五種觀點，得以建立多方位理解。之後，我們用這個方法分析情節、衝突、線索和時序等元素。

語言與文學課②：坐而言不如起而行的街訪之旅

正如前一章所言，在DP的語言課程裡，無論何種語言學到的課程，都能平行運用在其他語言上，而且評量內容和評分標準也是同一套。

在DP中文課的「文化語境」中，老師則帶領學生至臺北市信義區採訪。當時我們正在學習文化語境下的語言，學生必須在課堂上設計一份問卷，並到街上訪問不同人對同一張圖片的看法。

接著，老師在街訪前兩週提出總結性評量的三個要求：

1. 選圖案為文本。
2. 設計讓受訪者可以評價和分析圖案的問卷。

3. 至少做五十份問卷，最後寫一篇論文討論結果。

知道總結性評量的要求後，同學們便開始集體構思。也許有讀者會好奇，個人的總結性評量為什麼需要集體構思呢？實際上，**全班先集體構思、再個別運作的情況，在IB的課堂中很常見**。

討論的過程中，我們向其他同學分享自己覺得什麼圖案更具分析價值，或是更能測出不同族群對相同文本的看法。隨後，在考量人流及受訪者的年齡分佈後，一同選定在信義區進行訪問。

往後一週的課堂裡，老師用上半堂課的時間講述新概念，然後留下半堂、約四十五分鐘的時間，讓我們設計問卷或與老師討論想法。出發前兩天，我們也進行了模擬採訪，並藉此檢視問卷是否還有待修改之處。

我選的圖片文本是京東網路商城的標誌，外觀特徵為繫著紅領結的白色小狗。在訪問同班同學的過程中，我發現我選的圖案可能有點抽象，也預期到幾天後可能會訪出非常迴異的結果。以下列舉我問卷的四個題目：

1. 你看到這個圖案的第一反應是什麼？
2. 對於這個圖案的顏色選擇和畫面呈現，有什麼感覺？
3. 當公司使用狗作為標誌的代表動物，可能會有什麼設計理念？
4. 如果這是一家網路商城的標誌，你覺得為什麼選擇狗作為代表動物？

在下著雨的週五早晨，我們搭上捷運前往信義區。採訪之初大家都非常羞澀，心中存有各種顧慮，掙扎十多分鐘後，我終於採訪到一對正在速食餐廳吃早餐的老夫婦。他們聽聞我的簡單介紹，便開始滔滔不絕地談論對圖案的看法，從顏色講到線條，還仔細分析背後可能存在的商業手法，我不禁心想：「他們真適合DP中文課和商管課。」

接下來，我順利訪問幾組看起來像大學生的年輕人、上班族，還有看完電影的民眾。採訪結束後，我利用週末的時間統整內容，用年齡、職業及受訪者的個人背景分類，觀察文化、成長背景或職業如何影響文本解讀。以下簡單整理我的結論：

1. 訪問百貨零售、影城主管、顧問及教育四種職業群體，立場皆相似。
2. 目前在職的人員容易將自己的職業與問卷內容連結。例如：從事教育業的受訪者，會朝教育及動物情感的方向分析。
3. 受訪者皆將此標誌定調為「非營利性質團體」的標誌，實際上卻是中國大陸僅次於淘寶網的大型網路商場。

這個活動引出DP語言課程的精華，教我們將所有可想像到的素材都當成文本，我也透過這個活動理解到，所有文本都因文化背景不同，而產生相異的分析方向與解讀。有這個認知基底後，我在接下來的一年半中，都用這個觀念理解老師選的素材。

我想再次強調，IB的語言課程可以平行移動，因此我將DP中文學到的課程與方法，都挪用到DP英文。在IB的語言課程架構下，語言更像一種工具，換語言僅是換工具，但手法不變，簡單來說就是「學一遍、用N次」。

歌詞是分析的好素材

語言課程的ＨＬ學生都要完成一篇論文式的書面作業。雖然字數不多，但必須選擇一道論題並深入研究，是相當難得到高分的評量。

貫徹從生活中找素材的本意，我開始在日常生活中尋找適合的素材。經過持續的物色，我決定選擇吳青峰創作的〈他舉起右手點名〉。這首歌在吳青峰的巧筆下充分用典，講述希特勒在二次大戰時屠殺猶太人。我的書面作業便是探討歌詞中的《聖經》元素及《魔戒》中的意象，以及達到什麼效果。

這份作業最後在ＩＢ總部的考官評分下拿到滿分，且獲得了「選材新穎」的好評。由此可見，ＩＢ給予學習者很大的空間，透過自主選材更能「學己所愛」，集合生活中意想不到的材料，呈現與眾不同的樣貌。

歷史課：上課前帶著辯論的心情裝備自己

還記得在DP歷史的第一堂課中，老師拋出一個大問題：「誰該為二次世界大戰負責？」很顯然地，老師絕不是要我們回答正確答案，因為廣義來說，這個問題可能並不存在正解。

課堂中我們各有所見，有人點名某個國家，也有人指出某個主義才是罪魁禍首。在一陣相互爭論後，老師告訴我們，這個活動的目的是要我們明白何謂史觀。DP歷史其實就是呼籲我們以公平心態，去檢驗和統整歷史事件。有了這個觀念，我們在爾後的課堂中多了「準備辯論」的心態。

回想兩年歷史課的學習歷程，我理解原先一無所知的古巴政權，也明白國中就學過的國共關係。在人物方面，我們揭開史達林的神秘色彩，也分析個個權謀算計的冷戰領袖。兩年的歷史課讓我理解到：歷史的趣味即是觀點的激盪。

DP歷史的考試也是建立在這個基礎上，把觀點置於評量的核心。舉例來說，外部評量的試卷二中（外部評量的詳細規則可見第四章），有一道題目是「評估兩位來自不同區域的領導人，在冷戰期間所造成的影響」。在應答這道論題時，學生必須充分理解年代背景及事件內容，且要能提出「他人的觀點」，並進行適切討論。

這個評量的難度在於，有些學生誤以為自己的想法就是批判性思考，但實則不然。評量不鼓勵學生只說「我覺得」，而是希望能集結各學派史學家的觀點，突顯史觀產生的過程，並考驗學生的統整與總結能力。在理解評量的運作方式後，學生會明白知識的重要性，也能看出知識如何形成，進而找到另一個認識歷史知識的方法。

至於學生如何在課堂中取得相關知識，除了閱讀課本，老師還在課堂中引導學生集結史觀和交叉比較，進一步強化學生的相關知識。

處處皆素材、時時皆學問的歷史課

概括來說，歷史課是學習過去發生的事，但我認識的許多歷史老師喜歡在課堂上大談時事。他們認為熟稔過去更能預知未來，而鑑古知今的道理在之後大學的歷史課也得到驗證。

我的DP歷史老師除了有淵博的歷史知識，也是一位時事狂，喜歡講述歷史事件並與時事連結，課堂運作幾乎都是以客觀事實為基礎，再經由每週閱讀的相關資料，讓課堂討論更有深度。

我最喜愛的單元是「冷戰」，在這個單元中，我們跳脫只認識單一歷史人物的學習模式，開始比較不同國家、不同制度及不同領導人間的異同。

舉美國總統為例，我們從小羅斯福（Franklin Roosevelt）一路談到雷根（Ronald Reagan），討論戰爭策略時，思考冷戰對現代民主制度帶來的影響。然而，如果我們對目前的政治局勢一知半解，便難以參透冷戰帶來的長期改變。

坦白說，DP歷史並沒有要求學生必須瞭解一切時事，但理解時事對學習歷史相當有幫助。舉例來說，當我查詢冷戰資訊時，以如今美俄的新冷戰作為材料，能得到更多參考資料，進而開發自己的論點。

另外，在接近美國總統大選時，老師談到法西斯主義、墨索里尼（Benito Mussolini）、希特勒（Adolf Hitler）等概念與人物時，都會連結現今的新聞畫面，搶當鑑古知今的預言

IB 常見問題 ⑪

Q：DP 歷史強調世界史，但是各國對歷史有不同的解讀與理解。請問課綱如何克服這個問題？學生如何在不刻意背誦的情況下，熟悉歷史的時間點？

DP 課程強調集結史觀，老師會在課堂中帶領學生查找和整理各方立場，並持平討論各種觀點。IB 課綱提供主題，但史觀是由學生和老師自主選擇，過程中學生必須仔細拿捏和篩選素材。

雖然課程不強調背誦時間點，但學生必須充分熟悉時序，才能有效且有邏輯地討論主題。對 DP 學生來說，時間點是進入 DP 前就應具備的知識、基礎能力。

家。因此，在兩年的ＤＰ歷史中，我始終保持對時事的熱衷，因為在觀察社會現況的同時思考過往史實，能帶給我新觀點及方向。

我成為倫敦這座大都市的學子後，以前遙遠的國際新聞如今成為每天必知的重要信息。相同地，進入職場後，貿易戰、虛擬貨幣甚至外交戰略，可能就不只是茶餘飯後的話題，而會成為影響工作、策略甚至整個產業的關鍵。

無論是整趟ＩＢ旅程，或兩年的ＤＰ都只是成長過程的一瞬，如何累積帶著走的技能，比怎麼拿高分更具意義。在ＤＰ歷史有深度的訓練下，不僅培養我的批判性思考力，也充分明白評價一件事或一個人需要做多少準備。至於ＤＰ歷史的考試有多麼不客氣，我將於下一章節詳細介紹。

數學課：從生日到民調都是計算的材料！

前文提過不該用傳統或非傳統來定義IB，這個說法能在DP數學裡得到充分驗證。DP最終還是一個考試導向的系統（除了某些藝術科目，所有科目都有外部評量），數學科甚至有高達八〇%的比例取決於外部評量的成績。

不過，高達八成的考試比重，並沒有改變我學己所愛的想法。在學習「機率與統計」單元時，老師如常地先用課堂的前三十分鐘教授基本概念。不同於過去國中的數學課經驗，老師從來不以公式開場，而是從概念切入。舉例來說，教授微積分時，從速率概念開始複習，再循序漸進地引導出公式，讓學生看見公式背後的全貌。

從考試的角度來看，理解全貌或許沒有必要，畢竟考試不太要求學生證明公式如何產生，但若在學習每個觀念時，都能做到全盤理解，便會發現學習的速度漸漸增快。

舉例來說，我在學習基礎函數時，習慣調出相關考古題，觀察考題設計的脈絡。在這個過程中，我發現其他人口中難度很高的微積分，原來只是函數的延伸，而且DP數學在函數單元中，也有教授學習微分和積分前必須習得的先備知識。找到兩個單元之間的連結，再加上老師從根基一層層建構的教學方法，我在DP數學開始兩個月左右，就能掌握學習的節奏。

另外，我還想談幾個比較有趣的例子，證明DP數學採用前文提到的學習循環模式。每次學完和練習完基本概念後，老師會帶領學生討論相關議題。舉例來說，二〇一六適逢美國總統大選，研究民調和背後的運作方式，便成為課堂討論的主題。甚至連大家的出生年月日，也能找到與機率有關的研究。

活用數學課的統計於總統大選

因為數學有固定的範圍和答案，很多人認為無法「愛己所學，學己所愛」，但事實並非如此。雖然數學不像文科有那麼多彈性發揮的空間，但如同前文不斷強調，在學習過程裡自娛，能高度提升學習的效率和品質。

我在學習「統計」單元時，適逢川普和希拉蕊競逐美國總統。雖然課程內容與這場選舉毫無關係，老師也未在課堂上做出任何比較，但是當老師隨口提到：「民調和統計相關」，便激起我繼續研究的興趣。

於是，我花一個週末的

IB 常見問題 ⑫

Q：臺灣的數學課經常要大量做題目，許多學校甚至自行設計數學題庫。IB 也會讓學生大量做題嗎？又是如何讓學生將概念活用於題目呢？

任何考試導向的課程都必須大量練筆，IB 當然也不例外。然而，練題目僅是為考試奠定手感的方式，真正的訓練還是落實在課程的概念學習中。教學時，老師會列舉與概念相關的題目，來介紹試題的形式。但因為試題形式多元，課程中只能歸出一個大方向，學生仍要額外花時間勤練考古題。

時間研究如何做民調，也找出過去的民調數據比較選舉結果。同時，分析美國幅員廣闊、採取選舉人團制度的情況下，如何在紅州（傾向共和黨）、藍州（傾向民主黨）、紫州（搖擺州）之間，計算和加權。

做完一系列的研究之後，證明「數學其實滿有用的」，因為社會中很多實用的理論或模式，都是建立在數學的基礎概念上。

所以，我建議討厭數學的學生先跳脫考試，看看單元是否能和有趣或實用的事物連結。舉例來說，喜歡建築的學生若從設計的角度認識三角函數，或許就不會學得那麼生疏。

Investigation and Calculation Factorial and Permutation

The calculation of birthday paradox is not entirely challenging, which can be done at the level of standard level. In a class, if no students share the same date of birth, the first student can choose from 365 possibilities, the second student has 364 ways, and in a familiar fashion. If 23 students are in the same class, the possibility that two students share the same birthday has exceeded 50%.

P(everyone has different birthday)= $\frac{365}{365}\times\frac{364}{365}\times\frac{363}{365}\times\ldots\times\frac{343}{365}$

P(at least two out of all share the same date of birth)

$=1-\frac{356\times364\times363\times\ldots\times343}{365^{23}}$, (the probability has just exceeded 50%)

Another way to attempt is to solve for n, the smallest integer,

$1-\frac{P_n^{365}}{365^n}>0.5$ (n is the minimum we need when we seek a percentage over 50%) or

$\frac{P_n^{365}}{365^n}<0.5$ (the percentage that no two people have the same birthday) or

$P_n^{365}<0.5\left(365^n\right)$ (365: days in a year; n: number of people; 0.5: expected value of probability)

The calculation of the above is difficult. Hence, we now define the value of the non-negative integers (i.e., n and r) $n\geq r\geq 0$.

As we combine *P and C*, $C_r^n=\frac{n\,!}{r!\left(n-r\right)!}$,

在數學的機率單元，計算和他人同天生日的機率（節選）。

視覺藝術課：藝術的不是只要會畫畫，還要……

我認為「生活就是ＤＰ」是一句非常好的造句模板，而ＩＢ的視覺藝術老師最常說：「藝術就是生活。」

我從小就不擅長繪畫，從幼稚園開始，都會交出讓老師「嘆為觀止」的作品，甚至在五、六年級被貼上畫畫白痴的標籤。會講起這段陳年往事，是為了突顯我選擇ＤＰ視覺藝術ＨＬ課程是多麼瘋狂。

我在此先描述ＤＰ視覺藝術ＨＬ的幾個客觀事實，以便各位瞭解為何我說自己瘋狂。首先，這門課的時數與語言、歷史、化學、數學相等，換算成臺灣的課程時數約是一週六堂課。

而且，所有學生在課程結束前必須開一場個人展覽，展出八到十一件作品（ＳＬ

則是四到六件）。講到這裡，我不禁為當時的決定捏一把冷汗。畢竟，我從沒想過要選這門課，也沒想過會花這麼大的篇幅細談血淚史。

我接觸IB視覺藝術的契機，要追溯到MYP五年級。由於當時學校人數不足，我只好順應局勢走進視覺藝術的課堂。起先，我以為這就是痛苦的繪畫課，甚至利用暑假惡補。但經由老師的介紹，發現這門課的概念重於天份，而且只要是視覺範圍內的媒材都能拿來使用。

誰說藝術課一定要會畫畫？我與視覺藝術的首次碰撞

MYP的課堂中，我從「什麼是藝術」的大問題開始入門，並在老師的引導下，開始思考如何用藝術表現自己。老師不斷強調，**所有作品或創意發想的背後，都要有概念支撐**，在設計作品時更要明確佈局，才能將思想融入作品。

剛開始上視覺藝術課時，我確實遇到很長的撞牆期。現在回想起來，無疑是源自於技能上的不成熟和缺乏自信。雖然視覺藝術課不一定要畫畫，但我剛開始不清楚自己在畫畫之外還能做些什麼。

因此，「偏向虎山行」的我，選用色鉛筆作為第一個總結性評量的媒材，但繪製的過程可說是腥風血雨。我感受到前所未有的失敗，挫折感令我覺得自己什麼都做不好。果不其然，將自己的作品與擅長繪畫的同學相互對比後，內心被二度重擊。

然而，不服輸的心態讓我愈挫愈勇，我也為自己立下一個高遠的目標並努力達成。但是，不可能一夕之間變身為大畫家的情況下，該如何是好？當我陷入苦思時，想起一句影集的對白：「If you don't like how the table is set, turn over the table.」（如果你不喜歡被安排的座位，就把桌子轉過來）。

如果我的畫技不如人，又不可能短期精進，不如換個方法或媒材，找一個在視覺藝術裡的強項應戰。於是，我在期末評量裡選擇攝影，希望能找到一種更適合自己的藝術語言。

首先，我先寫出想表達的概念，並將主題定為「把握」。我想拍攝在各種情況、各個生命面向中，人們展現出把握的樣子，並透過作品傳遞自信及安定。

IB的視覺藝術課中，老師會在學生創作前安排個人面談，畢竟藝術創作時常出現「當局者迷，旁觀者清」的情形。對於初學者來說，若有一個能幫忙突破盲點的角色，必然有助於技術精進。

會談後，我開始草擬攝影計畫，決定找四組人拍攝四個不同情況下的「把握」。攝影完成後，我上網自學如何使用Photoshop，微修圖檔、調光，提升攝影作品的質感。最後，順利拿到比之前進步很多的成績。或許進步的原因是攝影比較好做，對不擅長繪畫的學生而言較好入門，但我認為關鍵在於理解完整的創作過程。

經過這次評量後，我才真正明白「作品由概念支撐」的道理。創作者的創作聲明是作品的基石，而技術是幫創作者表述概念的工具。

兼具知識與實作的視覺藝術課

IB的視覺藝術課程兼具知識及實作兩個層面，若僅具備技術，或是只闡述創作聲明及藝術知識，都無法取得高分。而且，修習DP視覺藝術的學生（尤其是HL），很可能在大學選擇相關科系，或是朝藝術方向發展。

這是因為ＤＰ視覺藝術的質量和份量，都遠超過傳統認知的美術課，甚至是專門的高職學程。ＩＢ在設計各種藝術課程時，皆是參照大學該學科的運作方法，既重視自我探索，也看重作品的連貫性及整體性。

從自我探索層面來看，據一位正在倫敦修習時尚設計系的朋友所言，她雖然每週僅兩天有課，但有三天的工作室時段，讓她能充分自我探索。從作品的連貫性及整體性來看，一個系列作品可能會歷時三個月至半年，時間看似充裕，但同時考驗學生在長時段裡專注的能力。

因此，不論是知識面的要求（二〇%成績為一篇藝術比較論文），或是實作面的標準（四〇%為記錄作品產生的過程日誌❸、四〇%為展覽），ＩＢ有深度的課程設計能讓志在藝術的學生，提前做好大學的準備。

學校為ＤＰ學生打造的畫室不在主要的教學大樓，而是座落在偏遠的地方。提著大包小包的工具、辛苦走去上課的畫面，至今仍深深烙印在我的腦海中。從開學的盛夏經過幾度季節的更迭，手上也從大大小小的工具換成一件件的成品，我常說這段路是我從學術走向藝術的逃離。雖然趕作品的壓力大，但我至今仍把創作、佈展等藝術經驗，視為使我DP路走得更順暢的助力。

回想自己第一次走進DP視覺藝術教室時，具有豐富設計及教學經驗的美國華裔老師正等著我們到來，她的酷勁及專業氣息讓我對未來兩年抱持很大的期待。由於班上只有五個人，老師不太注重繁文縟節，在簡單自我介紹後，就拋出第一個大問題：「你是誰？」

這個問題正如過去許多課都會問及的自我探究題，我心裡不禁暗想：「怎麼又來了！」但最讓人膽戰心驚的是老師接下來說的話：「不限形式、不限媒材，用這個問題做一件作品及五頁的過程日誌，兩週後交。」

聽完老師的作業要求，我苦於不知從何處下手，我既不懂老師喜好，也還沒摸懂DP視覺藝術的精髓，實在傷透腦筋。我在這兩週的課堂中盯著空白作業，偶爾隨性畫兩筆，偶爾再把筆跡擦掉，簡直陷入迷霧、不知如何是好。雖然想向老師求救，卻不

---

❸ Process Journal，是學生實驗和研究的重要途徑。學生可以在過程日誌中試驗各種媒材，並歸納出適合用在展覽的選項。另外，必須從中探索專業知識，以建構藝術比較論文的基礎。

IB 常見問題 ⑬

Q：DP 藝術領域課程除了有視覺藝術課，還有舞蹈、音樂、劇場、電影課等，請談談這些課程的特色與專業程度。

IB 藝術課程的最大特色是創作，而 DP 開設的舞蹈、音樂、電影、劇場、視覺藝術等課程，是以創作或創作發想為核心。

這些藝術課程非常注重專業知識，不僅要求學生熟悉該科目的概念，也考核分析他人作品時的活用程度。

舉 DP 音樂課的評量為例，其中 30% 的成績是一場三小時的筆試，學生必須在考試中，應答指定曲及未知曲目的多道試題（現場公布和播放），難度不亞於大學音樂系的評量。

再舉 DP 電影課為例，學生必須完成電影企劃，繳交完整的創造過程，HL 的學生則要繳交一部預告片。

知從何問起，最後果真僅拿到四分（滿分為七分），讓我更加迷茫。

拿到分數後，我立刻去找老師討論，她不客氣地點出作品的問題，包括畫作中的技術缺失，以及主題不完整。此外，老師也提醒我，過程日誌不能只是潦草地把所有想法記錄下來，要更有系統地勾勒想法形成的過程，以及最後如何付諸行動。

創作不只要「放」，還要學會「收」

現在回想自己在MYP和DP視覺藝術的差別，可以簡單歸納成一句話：「在MYP裡學會大膽地把所有想法『放』出來，但在DP中要學會『收』。」因此，如何把靈感和四射的想法收進一件作品裡，成為我往後創作時的主要顧慮。

之後，我們陸續創作幾件作品，例如：在「借鑒」單元中，以「小小兵」呈現《聖經》中的七宗罪；在「裝置藝術」單元中，結合新詩及品酒的陳設；在「特殊媒材」單元中，以刮刮樂當創作材料。從這些經驗裡，我感受到自己的顯著進步。

我從起先「有想法、但沒章法」，發展到能用七種不同表現形式，呈現七種不同

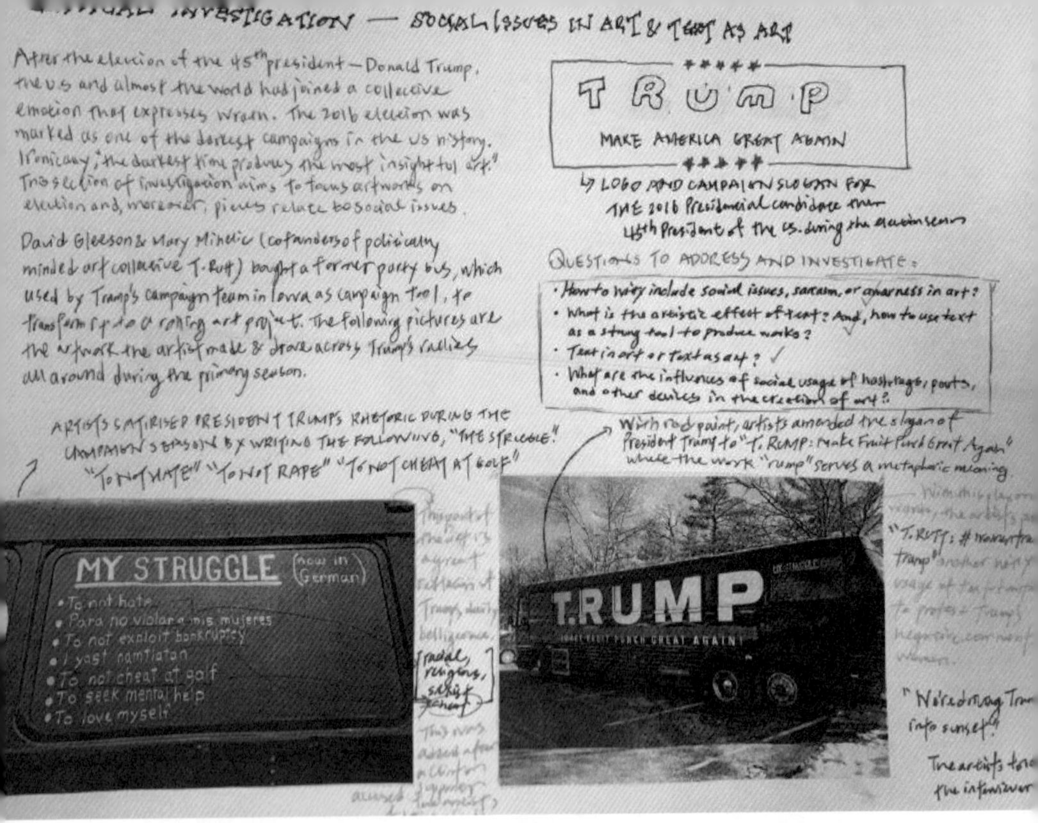
INVESTIGATION — SOCIAL ISSUES IN ART & TEXT AS ART
T R U M P
MAKE AMERICA GREAT AGAIN
QUESTIONS TO ADDRESS AND INVESTIGATE:
MY STRUGGLE (now in German)
•To not hate
•Para no violar a mis mujeres
•To not exploit bankruptcy
•To not cheat at golf
•To seek mental help
•To love myself
T.RUMP

探索時事、藝術、文字與行動藝術如何結合的過程日誌。（節選）

罪狀，過程中除了要具有清晰的概念，還要考量實際條件，確保想法能有效地轉換為做法。

藝術的種類眾多，我常建議學生，在DP一年級時盡可能採樣及學習，之後籌備展覽會時，會更具開創性及突破性。

專欄 3

天啊，我竟然當了兩年的藝術家！

ＤＰ視覺藝術四〇%的分數來自於展覽，而備展更是相當耗時的活動。展覽除了件數和媒材數量的要求之外，只要選定一個主題便能著手製作。從ＤＰ二年級開始，學生要在半年的時間內完成作品、創作說明及各種佈展細節。

在佈展前，我先整理心中的想法，也研究其他ＤＰ學生做過的主題（包括移民議題、文化碰撞和交流等），甚至詢問國外曾修過ＤＰ視覺藝術的朋友，以及有經驗的老師。

經過一系列的資料蒐集，竟得到一致的回答：「從自己出發最能引起共鳴。」一起初，我認為這是個相當矛盾的概念，自己的經驗為何能引起大眾共鳴？更高層次地關注社會不是能獲得更多認同嗎？但我翻閱幾份高分的作品集，並和老師溝通過後，終於明白從自己出發的真正意義：從自己的身份和核心價值出發，思考什麼主題能有什麼意義。

因此，我將主題定為「Loved & Found」（愛與尋）。這個主題玩味「Lost & Found」一詞，採用「失物招領」之意，展覽核心為逐一尋回愛過的事物。我希望尋回成長路上曾經愛過、但可能被遺忘的人事物，並透過展覽好好回想、感謝及慶祝。相較於其他主題，這個感性的選擇給我很大空間，讓我當時十七年的生命經歷都成為取材的資源。

規劃之初，我把展覽分為社會及個人兩個部分。其中一半挑選親身經歷、深切有感，且社會正在發酵的議題，另一半則傳達心中比較細膩且想紀念的記憶。開始創作後，我不斷在腦中翻箱倒櫃，盡可能找出最直擊人心的素材，因為我相信「先打動自己，才能打動別人」。

在一年多的構思、六個月的備展期間中，我嘗試許多的第一次：第一次創作純水彩作品；第一次製作比自己還高的大圖輸出；第一次將電腦繪圖、手繪及攝影合而為一；第一次用手機瘋狂在校園各處尋找可用的材料。

DP 視覺藝術展覽照片，作品皆為第二年課程中製作的成品。

之後，我開始陸續整理作品，包括確認細節、測量大小、檢查媒材、撰寫作品說明及展覽聲明等。把跨及紙雕藝術、水彩、電繪、攝影的所有作品，全部提升到能展出的狀態。

最後，我在三年前覺得毫無可能、一年半前覺得遙不可及，可能是人生唯一的一場藝術展終於開幕了。我想告訴所有覺得策展很遙遠的學生：「藝術並非遙不可及。」

我認為**想法、規劃及行動是ＤＰ裡的三個重要關鍵**。害怕沒靈感的人可以大膽在生活中取材，再謹慎思量如何用藝術形式表達。技能的不足通常能在創意思考下，取得一定程度的互補，而這也是ＤＰ藝術的優點：不讓學生只專注於工法。對於正在學習ＤＰ的學生來說，瞭解自己的能力是很重要的起點。

最後，我想再次強調，我並不擅長繪畫，但因為ＩＢ視覺藝術課程的吸引力，我不僅成功修完大學難度的視覺藝術ＨＬ，也從中找到無與倫比的快樂。

我認為不先入為主地排斥任何事物很重要，在大膽嘗試的同時也要用心檢視，同一片風景不只有一個美的角度。品味時可以偶爾跳出舒適圈，也許真正的歸屬藏在意想不到之處。

NOTE

/ / /

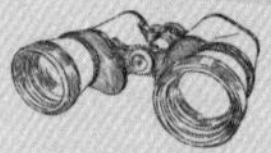

如果我們總結學習方法時，能先確立目標，再朝此方向前進，並紮實地學習每個單元，便能串起連貫的概念、完整答題。總而言之，學習必須一脈相承，才不會在考試時悔不當初。

第4章

全城戒備的五月考季，如何攻略外部評量？

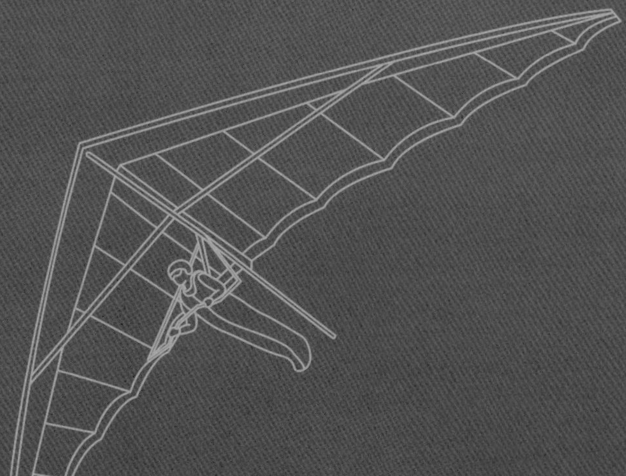

DP最關鍵一役！外部評量的基本認識

外部評量有別於課內由老師評分的內部評量，所有測驗皆由總部命題和批改。這場大考在DP第二年的尾聲舉辦（北半球在五月，南半球則是十一月），除部分藝術課程外，各科皆有二至三場的現場測驗（音樂課程僅有一場）。

聽起來也許覺得不怎麼難，但在強調探究與重視思考的模式下，外部評量十分具有鑑別度，令許多人感到畏懼。由於外部評量在各科的佔分比例多高於五成，學生若無法在測驗中展現一定水準，最終可能得不到總部的文憑認證。

外部評量的形式眾多，有僅提供一道論題及一疊稿紙的論文式測驗、有資料判讀或文本分析的評量，也有選擇題和題組的測試。

五月，學校瀰漫一股肅殺氛圍，主任級職員及DP教職員個個露出緊張神情，我們人人手上拿著筆記本走進學校，抓緊所剩的時間。校園四處都貼上輕聲細語的標語，甚至有多處圍起封鎖線不讓學生進出。一系列的外部評量將決定學生各科五〇%到八〇%的總成績，可謂是進入大學前最後也最關鍵的一役。

外部評量大多都有兩種或以上的試卷，雖然每種試卷的考試時間及佔分比例不同，但目的都是測驗學生對該科目的多層面理解。此外，修習SL及HL課程的學生都在同時間、同考場進行測驗，只是HL測驗試題的內容難度較高較複雜。

DP考場的規範非常嚴謹，連筆盒都不能帶入場，而且對監考官也有非常多的要求及規定。我早聽聞DP外部評量不容易，實際體會現場氣勢又更加敬畏三分。完整的DP考期長達一個月，但依照個人選課差異，每個人有不同時長的考程，有的科目早上考、有的下午考。就我個人經驗，還曾連續兩天從上午九點考到下午三點。

如何在英文評量文思泉湧？熟讀文本外還要……

我的第一場外部評量是DP英文的試卷一，考程兩小時。評量中必須閱讀兩組、四篇的未知文本（非課內指定讀物），再寫作一篇比較異同的分析。這個評量考驗的是總結能力，測驗學生能否在有限的時間內，把所有學過的概念用於分析文本。

拿到考題後，我迅速翻閱四篇文本，快速判斷哪篇的得分效益最大。最後我選擇四篇唯一的文學文本，搭配體裁較自由的非文學性文本。坦白說，寫作過程非常緊張，因為做再多模擬考、讓老師改再多篇文章，都不能比擬這場考試。以我的經驗來看，在無從猜測考官喜好，而且時間及壓力都很緊迫的情況下，只要相信自己並盡力寫，便能充分彙整曾學過的概念，以及培養出的技能。

隔天接著進行DP英文的試卷二，同樣耗時兩小時，測驗中要從六道大問題中擇一作答，並且要使用兩年課程中指定的二到三本指定讀物。試卷二最困難的地方在於，考試中不能將相關書籍帶進考場，寫作時還必須引用文句。

換句話說，若想在評量中拿高分，必須對指定讀物有極高程度的理解，而且還要熟稔內容，才得以在看到試題後，從腦海中截取隻字片語。以下是二○一七年五月的例題：

1. 以你選修的兩部作品為基礎，分析它們如何表達母親與母性的角色，其表達方式如何受到不同語境的影響。

DP英文評量的試卷類型

評量名稱	類別與佔分比重	評量重點與特色
試卷一 Paper 1	分析（25%）	提供**未曾見過的文本**，學生必須討論文本的背景、語境、受眾目的、語言和文學手法等元素，並且辨別文本的類型、包含的偏見、意識型態，以及結構和風格。
試卷二 Paper 2	論文（25%）	提供六道論題，可自行擇一回答。學生**必須在論文中，論述課堂中學習的作品**，並且分析語境如何影響意義、背景，以及被接受的方式。

2. 有個說法認為文學只談及愛情與死亡。以你選修的兩部作品為基礎，討論這個說法的正確性。
3. 以你選修的兩部作品為基礎，闡述作者用什麼技巧，描述某個特定的社會或政治語境。

猶記當時的三本指定讀物是《流動的饗宴》（*A Moveable Feast*）、《發條橘子》（*A Clockwork Orange*）及《波斯波利斯》（*Persepolis*），這些都成為我外部評量前幾個月的長期讀物。

數學評量怎麼拿高分？超獨家歷屆試題分析！

數學評量的兩份試卷考核內容相似，差異僅在於能否使用計算機。以下為評量的形式：

1. Section A 短答：透過單一試題或是小型引導性題組，測試學生對核心單元的知識與理解（廣度），最常見的題型是步驟性試題。
2. Section B 題組：透過連續性題組，測試學生對核心單元的知識與理解（深度），測驗的內容較短答更細緻，且綜合多重單元的概念。所有試題皆從主題延伸出來，由淺入深。

ＤＰ數學的外部評量有兩個要點。首先，課程中要學習如何使用計算機，其二，考試沒有選擇題，只有一系列的題組。考前我對計算機充滿怨言，除了覺得難以操作，也感覺原本簡單的事都因此被複雜化。

不過，某次和來自全球的ＩＢ學生聚會時，卻發現幾乎所有人都和我持相反意見，歐美學生大多覺得使用計算機的試卷二比較簡單。這也許是因為亞洲教育不常運用計算機，造成兩個區域產生極大差異。相反地，當我一眼就算出三角函數時，歐美學生都露出驚訝的表情。

回到數學評量的話題。評量一開始，我很難帶著平常心應考，不過拿到試題本後，還是先冷靜地翻完十多頁的題目，試題本內共有十題，作答時間

DP數學評量的試卷類型

評量名稱	類別與佔分比重	評量重點與特色
試卷一 Paper 1	問答題（40%） 不可使用計算機	旨在透過問答題的形式，測驗學生對核心單元的掌握與理解。
試卷二 Paper 2	問答題（40%） 可使用計算機	

九十分鐘。

我在考試前完成十七個年份的考古題，並針對命題率高的單元加強練習，因此這份題目寫得格外順暢，甚至剩下不少時間可以驗算和檢查。從十七年份的考古題中，可以整理出三個數學測驗的特色：

1. 由淺入深

命題皆是從基本、直接的題目，往進階、深入的題目發展，因此應答所用時間會隨題號增長，寫題的時間安排相當重要。

2. 從短到長

前半部分為檢驗基礎概念的短題，往往幾個步驟就能結束。後半部分為綜合性試題，每個小題都會綜合檢測運算能力，以及概念之間的融合程度。

3. 自單題至題組

從反射型的單題，到思路型題組，題目的複雜程度及連貫性隨題號增加。

雖然數學評量聽起來令人不寒而慄，但範圍式的命題不出幾個大範圍。舉數學ＳＬ為例，命題範圍多為：函數、方程式、三角函數、向量、機率與統計、微積分。因此，可以透過統計考古題預估出題範圍，再有規劃地慢慢加強進步。

數學評量結束後，我強烈感受到ＩＢ從教學到考試都有一致性。舉某道函數基本題開頭的題組為例，若想成功解答題組所有題目，必須融會三角函數、向量及微積分的概念。我每次答題組時，都感覺自己回顧了一次兩年課程。

如果我們總結學習方法時，能先確立目標，再朝此方向前進，並紮實地學習每個單元，便能串起連貫的概念、完整答題。總而言之，學習必須一脈相承，才不會在考試時悔不當初。

文筆不好也有救！5步驟成功攻略中文評量

考期進入第二週後，接下來登場的是DP中文評量，由於在DP英文裡選的文學文本很有分析點，我便在中文的考試中複製答題模式，期望能有一樣豐富的分析量。

翻開試題本，四篇文本中的文學文本確實有許多可討論的元素，而我選擇寫一篇比較作品和彩色廣告的分析。這個初看覺得意外的組合，卻因體裁的差異而激盪出多層次討論，兩小時中誕生十張兩百六十二字的稿紙，比任何一次模擬考都文思泉湧。

由於在課堂中已討論過各種可分析的文本，因此應考時不用擔心命題者會出怪招。另外，每次進行類似討論後，老師也會重新梳理概念，再次複習和強化核心元素，例如：考慮寫作目的以及受眾等。

隔天的試卷二考試也在意料之中，各論題都有可發揮的空間，課堂上使用的文本

評量名稱	類別與佔分比重	評量重點與特色	改後版的差異
高級課程論文 HL Essay	僅HL（20%）對應課程的語言或文學部分，學生必須二選一寫作。	依學生自選的探究題及一份文學或非文學性文本，寫作一篇1200至1500字的論文，不能與其他試卷重複。	1.類似舊版「書面作業二」（Written Task 2），為六選一道論題的論文式作業，但沒有論題選項。 2.僅HL學生應答，課程中唯一以報告式學術技能為主的評量。
個人口頭 Individual Oral	HL佔20% SL佔30% 綜合課程語言及文學部分	15分鐘口頭評量，其中10分鐘為學生自主分析與連結，另外5分鐘為教師引導。	1.形式相同，但文本更豐富。 2.增加全球連結，更強調國際情懷。

語言與文學課程分為語言及文學兩個部分。新版課程的HL學生有四項評量（試卷一、試卷二、高級課程論文、個人口頭）、SL學生則有三項評量（試卷一、試卷二、個人口頭）。

DP中文評量的試卷類型及改版差異

（2019年9月全新改版）

評量名稱	類別與佔分比重	評量重點與特色	改後版的差異
試卷一 Paper 1	分析（35%）對應課程的語言部分	提供兩篇未知文本，加上一道引導題。引導題僅是提供學生寫作風格及提示，不必回答。	1.不必全盤分析文本中的所有元素，可依照引導題專注分析文本。 2.不需要比較文本，但HL必須單獨分析兩篇文本。 3.文本篇幅縮短。
試卷二 Paper 2	論文（HL佔25%，SL佔35%）對應課程的文學部分	提供四道論題，可自行擇一。試卷使用兩份文學性文本，學生必須比較文本之間的異同。	1.用於此試卷的文本，不能用於其他評量。 2.統一HL及SL使用的文本數量、考試時間。 3.必須比較實質異同。

是《今古奇觀》和《包法利夫人》（*Madame Bovary*），這一中一西的著作充滿豐富的分析點。回想我答題時的經驗，大多是依循以下五個技巧寫作：

1. 每道論題設定五個段落（開頭、三段主題段、結尾），回答論題三次，並作三主題的主題句❹。
2. 選擇文本確切的元素，有效定義再充分延伸。
3. 在文本中尋找文學元素，先定義再說明，且必須說明效果如何。
4. 依據評分準則評估寫作內容，在有限元素中，尋找擴大得分機率的分析元素。
5. 遵循PIE寫作模式（Point 論點、Illustration 描述、Explanation 解釋）。

DP中文試卷二是語文科中均分最低的評量，因此許多學生難免感到徬徨，以上提供的五個技巧，希望能為不太擅長寫作的學生提供一些幫助。

❹ Top sentence，為段落開頭聚焦段旨的句子。

歷史申論題如何面面俱到？不NG的應考4步驟

歷史評量全部都是寫作，這個考試和之前提過的語言科目測驗，有很多相似之處，都必須分析未知的文本。

但我走進考場前，竟然比語言科考試時更加緊張，因為歷史算是有正確答案的考試，如果未知的文本中出現無法定位或回想的歷史事實，便面臨瞎扯的風險。雖然ＩＢ歷史不強調背誦，但我還是忍不住在考前反覆複習較不熟的時間線。

幸好，平時學習的內容在考試中充分發揮，得以順利分析評量中的多元素材，包括漫畫、政府文件、文摘等。但回想當時考試的心情，其實感到有點不安，因為這份考題及形式是全球首發（二〇一七年改版後首次測驗），在沒有先例可循的情況下，害怕離題或是不合考官的喜好。

成績公布後，我試著分析得分重點，發現只要紮實地依各題評量重點作答，就能在知識量充足、解釋正確的表現下得到高分。

另外，試卷二則是利用九十分鐘寫兩篇短論文，題目依照各校不同的課綱安排，學生要在學過的兩個主題中選一道論題回答。我的應考步驟非常簡單明快，總共可分成四個步驟：

步驟一：拆解題目。
步驟二：分出段落。
步驟三：放進史觀。
步驟四：分析與評論。

以二〇一七年十一月正式考題為例，可將答題內容套進上述的四個步驟當中。題目是「評估兩位來自不同區域的領導人，在冷戰期間所造成的影響」。

DP歷史評量的試卷類型

評量名稱	類別與佔分比重	評量重點與特色
試卷一 **Paper 1**	資料判讀（30%）	測試理解與分析資料的能力。測驗內容根據指定主題命題。 試卷一滿分24分，學生要依不限類型的資料（例如：圖片、文字、漫畫等），回答四道試題。 **・第一題：** a（3分）：測試對資料的理解，需提出三個論點。 b（2分）：測試對資料的理解，需提出兩個論點。 **・第二題（4分）：** 測試能否判斷資料價值，或者是否受資料限制。答題時必須提及出處、目的及內容，需提出四個論點。 **・第三題（6分）：** 測試能否以歷史學家研究某主題的角度，比較其中兩份資料。此題依據評分向度給分。 **・第四題（9分）：** 測試能否根據引導題、資料及先備知識，回答論題及寫作論文，此題依據評分向度給分。
試卷二 **Paper 2**	論文（45%）	測試對世界歷史的理解。 試卷二滿分30分，要從12個世界歷史主題中擇二寫作，每篇15分。寫作時要根據論題，完成一篇檢驗與融合不同觀點的論文。此評量強調論證及論據，而非個人主觀意見。

●步驟一：拆解題目

將題目拆解為以下四個元素：來自不同區域、兩位領導人、冷戰、影響，確保寫作論文時，以冷戰為核心、兩位領導人（來自不同區域）為主線，討論他們帶來的影響。

●步驟二：分出段落

此試題有兩種顯而易見的分段方式：一種是以領導人分段，分別討論兩位領導人帶來的影響。另一種則是以影響分段，條列出兩位領導人同時在冷戰帶來什麼影響，最後再綜合性的討論。

●步驟三：放進史觀

在討論領導人帶來什麼影響時，可引用文獻佐證並放入史觀。順帶一提，論文中定位或評價歷史人物時，僅能在史觀基礎上建構論點，不能憑空評價或是任意杜撰。

步驟四：分析與評論

如果論文共分五段，除去開頭及結尾，中間三段可以搭配三種史觀，分別用正、反論分析，掌握平衡及完整度。此外，三種史觀要結合成一個論點，才能突顯文章核心。

其實，考試的論題通常不會太複雜，但分段落和找史觀的能力需要長期培養。我想在此分享自己面對「社會議題」相關題目時，如何快速抓到答題重點。通常，我先條列出選定人物曾涉及或參與的社會議題，再嵌入歷史學家曾說的話或主張的理論。

全球平均最低的化學評量，掌握2技巧消除緊張

化學評量是外部評量裡平均分數偏低的項目之一，全球平均幾乎很少突破四分，同時也是我最害怕的一科。而且，二〇％選擇題加六〇％問答題的考試比例，確實是頗大的負擔（另外二〇％是五月前就寫完的報告）。

先談選擇題的部分。ＳＬ學生要在四十五分鐘內作答三十題選擇題。不過，ＩＢ的選擇題內容直接而且主題固定，所以只要掌握主題的脈絡，便能在考試前做好準備，幾乎可以穩穩拿分。相反地，問答題就沒有這麼容易。

進到考場後，映入眼簾的是比平常厚很多的試題本，ＳＬ大概有二十多頁、ＨＬ則有將近四十頁。雖然在過去幾次的模擬考中，領教過試題本的厚度，但打開試題本後，仍然陷入短暫性恐慌。

有別於選擇題，我看到很多從未見過的題型，例如：結合化學反應式、有機化學及熱能三個單元的大題組。雖然基本上都能理解題目想測試的概念，但作答的過程卻是舉步維艱。

面對題題都是多單元、大範圍的題組型試題（幾乎每大題的小題都是從a一路到k），一旦答不出a小題，就容易自亂陣腳，腦中開始浮現各種悲觀想法。這種心情很容易影響後面的答題速度，甚至面對理應能作答的題目時，也無法寫出答案。

相信許多人和我有相同的經驗，這時候我建議可以先放下筆，大大深呼一

DP化學評量的試卷類型

試卷類別	類別與佔分比重	評量重點與特色
試卷一 Paper 1	選擇題（20%）	旨在透過選擇題的形式，測驗對核心單元的知識理解。
試卷一 Paper 2	問答題（40%）	旨在透過問答題的形式，測驗對核心單元的知識理解。題型皆為短答題，問題以說明、論述、簡易畫記、畫圖等方法設計。
試卷一 Paper 3	問答題（20%）	旨在透過問答題的形式，測驗對選修項目的知識理解。題型皆為短答題，問題以說明、論述、簡易畫記、畫圖等方法設計。

口氣，並短暫放空一分鐘。在那一分鐘裡，思考自己學習化學的點滴、學過的理念、做過的實驗，並且告訴自己：「冷靜下來！」重新開始作答後，應該會漸漸找回答題節奏。

我在重新整頓心情之後，先完成會做的題目，跳過不會的題目，接著回頭盡力思考遺忘的概念。這個方法有助於在答題過程中，從其他題目找到靈感，或在概念激盪之間發現前面錯誤的地方。雖然最後化學成績不盡完美，但後期冷靜應答後仍拉高得分。

我後來和香港的ＩＢ畢業生聊起化學考試，擅長化學的她告訴我，化學很有邏輯，ＤＰ化學評量也很有章法，只要釐清概念、理解問答題的出題法，就能往更高分前進。更仔細地說，ＤＰ化學的指南中會明確提示命題單元，讓學生在備考時可逐一複習，並嘗試尋找概念和概念間的連結，因為跨單元的連結就是命題的關鍵。

經過驚險的ＤＰ化學評量，我認為考試最怕的就是生疏，但一旦抓到熟識感後，便能卸下緊張、專注學術，朝高分邁進。

離夢想更進一步！
各科命題特色與海外成績落點

介紹完五個科目的評量特色之後，以下是我在教學時，常用來分析命題特色和備考方式的綜合整理，供正在修習ＤＰ，或是想要修習ＤＰ的學生參考，至於其他科目的試題或者課程特色，可以參見ＩＢ官網（https://www.ibo.org/），其中有各個課程的細節。

各科外部評量的命題特色與準備方法

1. DP中文與DP英文

【命題特色】

- 未知文本的體裁多元。

- 比較式測驗的文本有巧妙且細緻的連結。
- 論題範圍廣但注重細節表現。
- 提供多元的選項。

【準備方法】

- 熟讀已知文本，整理筆記與可使用的引文。
- 養成分析未知文本的習慣，提升分析的速度和敏銳度。
- 時常練筆，把每次練習當作正式考試（寫作時建議計時，掌握時間）。

2. DP歷史

【命題特色】

- 以案例研究或歷史資料作為評量基礎。
- 論題或主題選擇的方向多元且涵蓋範圍廣。
- 題目短，大多必須以段落回應論題。

【準備方法】

- 熟稔課程中的概念，並完整應用於評量中。
- 整理出足夠應付論題難度的筆記。
- 時常練筆，把每次練習當作正式考試（寫作時建議計時，掌握時間）。

3. DP化學

【命題特色】

- 注重基礎概念，而複雜的問題皆由簡單概念組合而成。
- 選擇題以單一概念命題，題組則以綜合概念命題。
- 試題由淺入深，選擇題及部分問答題依課程順序命題。

【準備方法】

- 勤練考古題，摸索命題脈絡。
- 重視概念性理解，備考時逐一複習各單元的概念。

- 理解概念和概念之間的連結，探討跨單元的關聯性。

4. DP數學

【命題特色】

- 注重基礎概念，而複雜問題皆由多個簡單概念組合而成。
- 前半部分以單一概念為主，後半部分則多以綜合概念命題。
- 題目由淺入深，題組從短到長。前半部為單題，後半部為題組。

【準備方法】

- 勤練考古題，摸索命題脈絡。
- 重視概念性理解，備考時逐一複習各單元的概念。
- 理解概念之間的連結，熟稔公式背後的基礎概念，以應對綜合跨單元的試題。

前文提過，DP的成績與申請國外大學有高度關聯，面試官會根據修習的課程、選課組合、課外表現、論文題目等，評估面試者是否適切地瞭解申請的學科。下頁表格是二〇一四年ＩＢ畢業生在各國名校的錄取率，以及錄取者的平均得分。

順帶一提，ＤＰ必須修六個科目、每科七分，共四十二分，再加上ＤＰ三個核心項目至多三分，滿分為四十五分。

校名	細節說明
加拿大	
加拿大麥基爾大學 **McGill University**	錄取率：49% IB錄取者平均得分：36分
加拿大多倫多大學 **University of Toronto**	錄取率：69% B錄取者平均得分：34分
英屬哥倫比亞大學 **University of British Columbia**	錄取率：64% IB錄取者平均得分：33分
香港	
香港大學	IB錄取者平均得分：37分
香港中文大學	IB錄取者平均得分：37分
香港城市大學	IB錄取者平均得分：33分
澳洲	
澳洲國立大學 **Australian National University**	錄取率：83% 錄取者平均得分：34分
澳洲墨爾本大學 **University of Melbourne**	錄取率：57% IB錄取者平均得分：35分
澳洲雪梨大學 **University of Sydney**	錄取率：98% IB錄取者平均得分：34分
澳洲昆士蘭大學 **University of Queensland**	錄取率：80% IB錄取者平均得分：32分

2014年IB畢業生錄取率與平均錄取分數

校名	細節說明
美國	
美國賓州大學 **University of Pennsylvania**	錄取率：12% IB錄取者平均得分：38分
美國加州大學柏克萊分校 **University of California—Berkeley**	錄取率：18% IB錄取者平均得分：38分
美國加州大學洛杉磯分校 **University of California—Los Angeles**	錄取率：22% IB錄取者平均得分：38分
美國加州大學聖地牙哥分校 **University of California—San Diego**	錄取率：38% IB錄取者平均得分：35分
美國普渡大學西拉法葉分校 **Purdue University—West Lafayette**	錄取率：60% IB錄取者平均得分：34分
英國	
英國倫敦大學學院 **University College London**	錄取率：44% IB錄取者平均得分：38分
英國倫敦國王學院 **King' s College London**	錄取率：41% IB錄取者平均得分：37分
英國愛丁堡大學 **University of Edinburgh**	錄取率：37% IB錄取者平均得分：36分
英國曼徹斯特大學 **University of Manchester**	錄取率：62% IB錄取者平均得分：35分

專欄 4

考試不是人生全部，我一心二用的備考生涯

大部分的考生面對外部評量時，都抱持謹慎、戰戰兢兢的態度，而且通常在大考倒數兩、三個月時，就開始緊張倒數。我一向不喜歡考試，所以在考前半年便預估自己會加入倒數的行列。然而，在外部評量的四個月前，約莫農曆年時，我接到一通來自知名主持人的電話，邀請我主持一個新節目。

接到這通電話時，我沒有考慮太多，二話不說就答應投入全新節目。這個名為《就要讀享青春》的節目，讓我從原先只是參與廣播錄製的來賓，搖身一變成為節目主持人。

在每集節目中，除了討論單元裡的文學作品或青少年議題，還會寫一首原創詞曲的音樂作品，作為節目尾聲的總結（通常一週錄四集）。因此，在考前四個月時，我

不僅必須週週閱讀資料和查找相關資訊，也開始高產原創音樂作品。二月起，我在錄音室度過許多週末，卻讓身旁的人看了有些緊張。

雖然當時已經獲得大學錄取，但如果總成績未達該大學的條件，還是極有可能被拒絕。因此，包括親朋好友在內的所有人，當時都為我捏了一把冷汗。不過，我對此其實有一定的自信。

就我個人備考的習慣來說，讀一整天的書簡直是不可能的任務。我可以很負責任地說，從開始讀書以來，從來沒有從早到晚坐在書桌前的經驗。這不是我自賣自誇，而是有兩個簡單原因：第一，我坐不住；第二，坐一整天非常沒效率。因此，我一定會規劃詳盡的時間表，詳細安排哪些時間必須做哪些事。

透過有系統地分配時間，我能拿捏事情數量和深淺的平衡，因此可以把錄音排進行程，或是在錄音的空檔安排瑣碎的工作。簡單地說，只要經過精密管理，時間一定夠用。

接下來，我想談談學術和生活的平衡。錄音其實是我備考生活中的最佳點綴與調劑。在ＩＢ路上，我深刻體會平衡的重要性，也在進行ＣＡＳ的時候體悟「學習的真諦是在生活中學習」。

在考前接新節目，可說是活生生的社會實驗，倘若我真能兩者兼顧，更充分證明ＩＢ培養出的能力，足以應付未來更大的挑戰。與此同時，我在錄製節目的過程裡，也找到情緒與壓力的出口，並在每週的原創作品中，找到適合自己的表達模式。

結果證明，外部評量的成績並沒有受到錄節目的影響。至於廣播節目，也入圍第五十二屆金鐘獎，正可說是實現ＩＢ精神的最佳證明。

NOTE / / /

ＤＰ的角色相當於大學的暖身訓練或預演。若學生進入大學前充分暖身，便能得心應手地面對大學的學習加速和輔導減量。

第5章

從不安到如魚得水，處處充滿 IB 的大學旅程

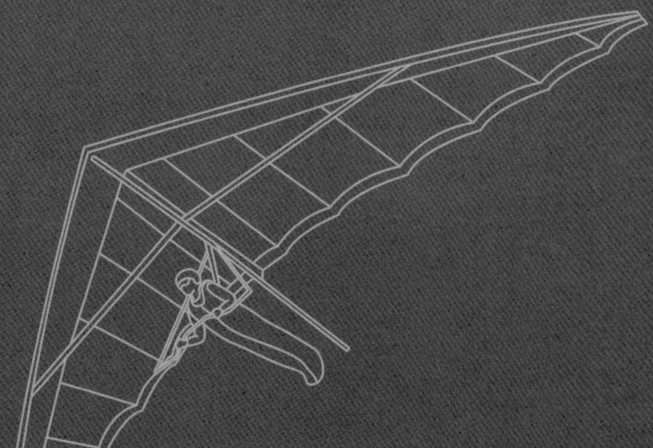

帶著ＩＢ走入人生下一站，倫敦大學的見面禮

四年前，我沒想過會和ＩＢ有這麼深的緣份，也不知道當時的決定會為人生帶來決定性改變。踏上ＩＢ路無疑是個華麗的轉身，我用四年親身感受這個國際主流教育系統，更透過ＭＹＰ和ＤＰ課程的精華，發掘出最適合自己的學習方法。回頭看見自己的進步和轉變，是ＩＢ旅程中最感值得的事。

許多家長問我：「我該讓孩子念ＩＢ嗎？」從我的學習經驗來看，總會給出肯定的答案。然而，給建議和下定決定都必須思考多個面向，因此我想分享我的「倫敦大學路」，用親身見聞證明ＩＢ與世界名校如何連成一線。

如今回想剛進入大學時，我有很多想修正的行為或表現，但是過去不可能改變，只能不停地朝更好的方向前進。相信許多在海外求學的新鮮人，也和我一樣在入學的

興高采烈後，手足無措地摸索著嶄新、未知的新頁。

論生活，我初到倫敦，以為自己只是換個地方做同件事，但面對一系列如找房、租房、開銀行帳戶等聽似簡單實質困難的事，我深刻明白兩個道理，一是出國讀書不只是求學，二是讀書及生活必須取得平衡。

論學業，大學的學習模式雖和過去略有差異但相似度高，從被許多人戲稱可怕的ＩＢ畢業後，面對難度更上一層樓的大學學科，可以對自己更有信心。

首次進入大學講堂時，多達百人的大教室與ＩＢ時小班的景況完全不同，雖然

倫敦大學教育系大樓。

不用再擔心被點名時答不上來，但四周積極且踴躍的氣氛，仍令我戰戰兢兢。

我冷靜下來後，開始將ＤＰ曾學習的基本學術能力、應答技能及批判和創造思考的訓練，套入大型課堂（Lecture）的討論、小型研討會（Seminar）裡的思辨，以及作業評量的研究和寫作。經過一小段時間的歸納與重組，開始得以用「很ＩＢ」的方式取得高分。

坐在世界學術舞台，看見教授建構的「IB觀點」

英國大學的選課及排課很有邏輯，教育學系的學生每個學期有四門課，且四門課皆分成大型課堂及研討會。大一所有課程的研討會組別（Seminar Group）都是固定的，無論什麼課的研討會都和相同的十六個人一起。簡單來說，就是一個大型課堂對應一個研討會，每次上完講述知識及概念的大型課堂後，都會輔以一個研討會。

一般來說，研討會除了討論大型課堂的內容，也會針對當週的文獻提出問題，或從主題中挑選出重大且有爭議的概念辯論。而大型課堂和研討會兩者的總時數是三小時，也就是每週有十二小時的實際授課數。

總有很多人質疑：「一個禮拜只上十二小時也太浪費時間了吧！」但倫敦大學及英國大部分大學都屬於研究型學校。在學習過程中，研究的比例應該和授課相等。換成小時數來談，每週上十二小時的課，應該對等地做十二小時的自主研究，我認為這個概念無疑是DP的延伸。

個人的思想判斷及自主研究，是建立在講課之上的重要學習核心。第一年的課程中有很多必修課，而這些課程都是建構學理的重要基礎。舉教育系為例，教育學不僅要看教育本質，也要談教育在各領域發揮的功能及影響。

借鏡教授的教學綱要，建構全面觀點

我的大學第一堂課是「教育研究簡介」（Introduction to Education Studies）。走進禮堂大小的教室，映入眼簾的是至少二十張大桌子及上百張椅子，隨著上課時間越來越接近，湧進教室的人潮可謂人山人海。不過因為大型課堂不點名，後來偷懶翹課的人也不少。

第一堂課只有一個議題：「什麼是教育？」這個萬古不變的開篇題，已被無限討論和回答。然而，教授不急著要我們給出答案，反要我們討論川普和歐巴馬誰被教育得比較好。同學經過一番討論過後，教授接著秀出歐巴馬（Barack Obama）和霍金（Stephen Hawking）兩人的照片，再次請我們比較誰被教育得比較好。

此時，學生的討論聲沒有上一題熱烈，許多人找不到比較的基準，無法給出評斷。其實，教授的原意並非真的要我們二選一，而是想告訴學生：教育有無窮盡的解讀方式。

分析及辯論之前，通常需要有理論的支持，才能在教育研究中站穩基礎。這門課就是要把理論結合實證，讓我們在修業完成後，深度理解教育學的基本面向。教授在簡單的開場之後，開始統整課前閱讀，並從社會、心理、法治、思想等層面闡述學者專家所認為的教育。

這門課的架構非常基本，不脫基本知識，而且我在課後整理筆記時，發現一個明確的教學脈絡，可以條列出以下四點：

1. 拋出一個大問題：「什麼是教育？」，但不要學生直接回答。
2. 舉出看似不直接相關的例子（歐巴馬 V.S. 川普），再問一個從大問題中延伸出的小問題（歐巴馬 V.S. 霍金）。

3. 用小問題突破大問題隱藏的盲點。

4. 從資料中尋找適切的論點。

表面上來看，我們解決這堂課的主題，實際上教授要傳達的是背後的研究過程。由此可知，解構大問題時不見得要直搗核心，可以透過旁敲側擊或其他評估，更全面地檢視研究方向。

從課程綱要檢視學習脈絡的方法，稱作「全觀模式」，這是我在ＩＢ裡養成的學習習慣。過去，我會用課程整體來看評量細節，也會透過ＩＢ的科目指南理解教學方式。對於ＦＯＡ或任何規劃性強的ＤＰ內部評量（尤其是研究型論文），我都是利用這種方式理解和製作。

不論是過去的ＩＢ經驗或是如今的倫敦大學，在成熟的課堂中常能發現一脈相承的現象，因此若想在評量中如魚得水，瞭解課程的本質至關重要。面對任何科目或課程，靜下心來閱讀、觀察和理解後，便能找出一條知識的線索。

IB與英國大學課程的異同

	IB	倫敦大學
上課方式	課堂中講述知識、建構技能，並鼓勵學生進行創造性和批判性思考，主要以探究的方式授課。	大型課堂教授基本知識及核心概念。研討會探析大型課堂的內容，並深入研究、統整議題的觀點。
選課	在六個科目組中選六門課。（詳細選課規則，請參照第一章）	在學院提供的課程中自由選課。部分學院可以跨學院選課
課程安排	為期18個月。HL科目時數為240小時，SL科目為150小時。	一學期10週，因此課程通常為期10週。僅少數課程跨兩學期，為期20週。
授課大綱	由總部提供。	教授及其團隊規劃10週課程，並提報學校高層審核。
作業	形成性評量，不限形式，原則上不計分。	閱讀核心資料、寫作相關段落或反思。
評量	內部評量（總結性評量）、外部評量。	總結性評量。通常每門課皆有2至3個計分的總結性評量，形式多元。

大型課堂是大學學程中知識量最充足的學術項目，也是觀察課程和教授的最佳時間點。若想獲得高分並顧及各評量項目的表現，可以細心理解課程走向，並用心觀察教授的教學邏輯。如此一來，便得以洞察先機，免去摸索期的徬徨。

沿用DP傳授的4大技能，擺脫對學術的迷茫

要展現ＩＢ與大學課程的相似之處，不得不提「電影與文學中的教育展現」（Representations of Education in Film and Literature）這門讓我印象非常深刻的課程。

這門課是我第一學期最喜歡的課，一年下來評量也寫得相當享受。這門課談電影也談教育。講師討論的內容大至整體劇情和意涵，小至畫面元素和角色神態。

十堂課裡，我們一共分析六部與教育有關的電影，從知名大片《街頭日記》（*Freedom Writers*）到小眾但獲奧斯卡提名的《非普通教慾》（*Dogtooth*），我們接觸的電影類型廣泛，而且在不同作品中，集合各種能分析討論的議題或元素。談教育時，我們會深入看這些作品中的教育模式和方法，也研究師生的關係如何形成和發展。

講師挑選的六部電影橫跨範圍廣泛，因為這門課的目的並非循規蹈矩地探討現今

教育體制的優劣，也不是要無底線地探索教育尺度，而是站在藝術的高度解構教育的形成與本質。

其中有一堂課討論電影《不羈吧！男孩》（*The History Boys*）。這部電影講述一九八〇年代的八位英國學生，開設歷史加強班以準備劍橋和牛津大學的入學考試。電影除了對比不同的教學方法和理念，也深度呈現學生與老師間微妙的關係，以及當時教育現場對性騷擾（性整體）的態度。

接著，講師秀出他的簡報主題「教育中的情愛」，將以情與色為起點，討論情愛在教育中的重要性。講完主題後，他拿出課前要我們預習的文獻，並帶領我們思考教學者和學習者，是否能徹底將思想與身體分開。講師以資料為基礎，示範如何拆解爭議性議題，並將主題總結成三個層次。

1. 心理研究：理性和感性可否完全分離，若能分離，純理性的教學樣貌為何。
2. 教學方法：師生間的距離和情感關係，對教學品質會有什麼影響。
3. 道德層面：師生的界線在哪裡，誰能定義、誰又該為此把關？

下半堂課講師話鋒一轉，開始討論期末要繳交的兩千五百字論文，原來講師每次於課堂上討論大量文獻，是為了讓學生寫論文時，能運用概念性的方式架構。

經過課堂上對六部電影的特殊切入，我在選擇主題上更具開創性，也讓我回想起經常分析電影的ＩＢ語言與文學課。然而，到課程後期必須融入更多文獻和概念時，心裡開始有些慌亂。

不過，其實融入文獻和概念的作業，與ＩＢ歷史以及ＥＥ有異曲同工之妙。ＤＰ歷史裡的論文發想是以概念作為基底，可以運用在選題及架構上。而且，書寫ＥＥ時累積的研究能力，更有助於在閱讀文獻時，拆解概念並提出新的理論架構。

經過大學一年的訓練，我更確定大學是ＤＰ的延伸，而我在ＩＢ學到的技能可以透過轉型及強化，沿用於其他科目。在期末的論文中，我充分應用四個在ＤＰ中學習到的技能，並獲得不錯的成績反饋：

1. 選擇論題

在ＤＰ外部評量的訓練下，我培養出精準選題的能力，因此在大學期末拿到多達二十多題的論文選項時，得以有邏輯地剔除個人知識不足及不夠擅長的論題，並在剩下的論題中選出不會太簡單，且有足夠發揮空間的題目。

2. 拆解論題

拆解論題和組織架構息息相關，學生在DP課程裡組織架構時，通常會面臨限時與不限時兩種情況，由此訓練出精準拆解論題的能力。例如：在限時的語言分析評量中，學生要將題目要求的三或四個元素合理地整理成段落。在不限時的報告中，則要先建立基本架構，再蒐集所需的內容並實際作業。

3. 蒐集資料

透過EE累積的經驗，我能迅速找出想使用的資料。然而，這份期末評量不僅考驗查找資料的能力，也測驗學生將資料、看過的電影，轉化為有立論基礎的理論架構。因此，我活用在語言與文學課程中學到的許多辯論技巧，以層層遞進的方式，包裝想表達的概念。

4. 分析寫作

寫作是統合一切的關鍵核心，也是我在這份評量中進行最快的環節。由於ＤＰ訓練學生大量寫作，使我能用最短的時間，將重要訊息集結成段落。

在以上的經驗應用下，令許多ＩＢ畢業生不約而同地表示：「大學課程不如預期難。」相較於ＤＰ課程，大學總堂數和科目數量看似減少，但教授對作品的要求比ＩＢ老師或考官更嚴格，若想在大學的學業中取得優秀表現，一定要有快速的適應力。我認為自己之所以能無痛接軌到大學課程，是因為在ＩＢ奠基了許多重要能力。

這就是商業與管理課！課堂及研究中有ＤＰ影子

在必修課「理解教育研究：數字、敘事、知識及謬論」（Understanding Education Research: Numbers, Narratives, Knowledge and Nonsense），我們學習寫作論文需使用的研究技能，也從許多時事裡探析論點如何產生，以及研究步驟在學術裡的重要性。

這門課除了與時事有高度連結，也獲得曾在柬埔寨修習ＩＢ的韓國女生 Solbin 認證：「這就是ＤＰ的商管嘛！」順帶一提，在認識 Solbin 前，我對ＤＰ商管課程尚無深入理解，僅在幾次耳聞中有初步認識。課程一開始，教授便定義了做研究與檢驗研究時的四大概念：

1. 定量研究❺中的「數字」。

2. 定性研究❻中的「敘事」。
3. 透過證據推論出的「知識」。
4. 各種研究中可能產生或刻意製造出的「謬論」。

教授告訴我們，只要能在研究時縝密考慮這四個方向，並在研究後以此檢驗，就能掌握一定的學術水準。

此外，教授也深入討論，研究中如何製作問卷、實施民調，以及歸納非數字的研究結果，簡單來說這就是一堂為論文而開設的課。一開始我以為這是堂枯燥的理論課，但教授精心設計的研討會活動突破這份枯燥，使我們對研究更加有感。

相較於動輒上百人的大型課堂，研討會的學生人數減少許多，因此得以更深入地討論議題。當時教授舉假新聞的案例，從假新聞對社會環境和政局帶來的影響，證實

❺ 主要採用與數字有關的研究方法探究事物。
❻ 主要採用與性質有關的研究方法探究事物。

展示錯誤的研究成果或失敗的研究步驟，會造成有致命性傷害。

回到 Solbin 所說的ＤＰ商管課，我後來認真地研究ＤＰ商管，發現外部評量的某部分專注於案例研究。雖然案例研究和教育研究的內容不同，但執行的方法極為相似。除了定性和定量研究之外，檢視知識和謬論的方法也高度重疊。在大學課程中，我看到不少ＤＰ影子，不過經由 Solbin 的啟發，發現ＤＰ影子比想像中還要明顯。

只要和 Solbin 一組，她都能迅速理解老師的指示，並完整地應答較有難度的問題。不過，也有人質疑，如果ＤＰ都學過了大學還有什麼意思。實際上，進入大學後，課程的速度將大幅度增快，教授不會像ＤＰ老師一樣仔細給予建議，ＤＰ的角色相當於大學的暖身訓練或預演。若學生進入大學前充分暖身，便能得心應手地面對大學的學習加速和輔導減量。

我在上ＤＰ的課程時，不知道會與大學有如此高度的重疊，直到親自至海外留學，才漸漸發覺ＤＰ無形中為學術打下的穩固基礎。

從研究到論文寫作，在大學找到進化的DP經驗

大學一年級時，有個評量必須寫一篇三千多字的論文，我帶著研究課程中教授的知識，以及過去的DP經驗，決定以「教育與政治：教育如何形塑臺灣的政治氛圍」為題，寫一篇研究型論文。於是，我開始用以下六步驟，大規模地蒐集資料：

步驟一：在圖書館搜索文獻。

步驟二：從中擷取約二十筆有效資料，瀏覽及統整資訊。

步驟三：將實用性擺第一位，不用主觀分析填補資料不足的漏洞。

步驟四：將資料分成正式與非正式來源（非正式來源指的是作者個人文化、生活、宗教經驗，引用這些資料時要更加謹慎）。

步驟五：檢視研究證據是合乎經驗還是規範。

步驟六：將資料歸納為定性和定量。

完成上述六個步驟後，我手上幾乎有二十多頁的資料，讓我的論文有明確起始點。然而，我認為這些資料不夠全面，缺少臺灣教育現場的實際狀況。於是，我開始安排第一手訪問，蒐集各種不同的聲音。

接下來，我開始刪減訪談原稿中冗贅的部分，並嘗試在訪談與研究資料間找出相似處，作為論文切入點。其後，再從臺灣幾家智庫及民調公司的民意追蹤裡，研究臺灣人對政治情勢的看法。與此同時，也比照民意趨勢與課綱調整的年表，比較人民對議題的認知，是否和受到的教育有絕對相關性。

結合完種種資訊，我開始著手寫作，由於先前統整出的資料已經相當完整，這篇初稿在兩天內就誕生三千多字。繳交完初稿，教授請我和另外兩位同學各自講述自己的研究過程。我先前讀過兩位同學的論文，不禁疑惑為什麼他們的成品如此不學術。

我認真細究兩位同學的文章組織方法，從中看見自己過去曾面臨的困境：把大量的個人經驗放入文章作為佐證。由於我在ＩＢ中有足夠的摸索時間，並有幸得到許多寶貴建議，知道必須找專家學者或文獻資料，才能算是有效的證據。像這樣**提前在ＩＢ奠定穩固基礎，讓我在大學中少繞許多路。至今我仍慶幸自己拿到一張名為ＩＢ的快速通關券。**

英國大學讀三年就可以畢業，這其實也意味著「倒數不到三年就要進入職場」。然而，很多人沒有這種觀念，甚至以蹺課能力自豪，我知道常有人說「沒蹺過課就不是大學生」，但一年下來，我只覺得「要蹺課幹嘛當大學生」。

英國的課程設計有種「錯過就沒有了」的迷人之處，一門課幾乎都只有十堂大型課堂，而且每節都是精華。三年就畢業是因為學程強調學習方法、架構和能力，教授會在為數不多的大型課堂中循序地傳授課程精華，而這三個元素都是能「學一次，用無數次」的學術核心。既然時間有限，何不緊抓這三年，好好安排課業和學習之外的寶貴時間。

大城市也好，名校也罷，如果海外留學可定義為「走向國際化」、「走出舒適圈」、「通往更光明的未來」，就應該善用新資源，把它當作往後發展的基礎。

經過ＩＢ四年的洗禮，我知道學習無止盡也不必設限，並用這個態度面對所有的課程、研究及生活。研究或許是條漫長的路，但我始終認為心態勝過一切。成熟的心態會讓學習過程更順暢，也更有效益地為學術環境盡一份力。

選題是一門藝術，如何用IB飛躍的思考力精準命中？

猶記得我曾在開學週的上午九點，走進一間空無一人的大教室。確認課表後才發現，這堂課是從九點半開始。提起這件事不是要表達自己多蠢，而是想和大家分享五分鐘後走進教室的教授，如何讓我認識「語言、讀寫與交流」（Language, Literacy and Communication）這門新的課程。

從名字「見微知著」

走進教室的教授是一位身材纖細的中年女性，她主動向我自我介紹，並詢問我的名字，我說從小一直是用中文名字翻譯的「Hung-Li」，她微笑地告訴我：「每個名字都有獨特的意義，等一下上課你就會知道了。」

這門課帶我們深入探討語言的形成，也從新興媒體的興盛談影視教育。第一堂課教授和我們討論「語言歷史」（從千年的語言史談到個人習得語言的歷程），而「名字」成為她開場的引子。教授表示，名字背後蘊藏的不只是父母對子女的期待，更可以見微知著地看出整個文化背景。

從名字的例子中，可看出這門課的邏輯，教授期待學生能從生活中找出和語言相關的細節，再全觀整個語言的形成。

帶著DP語言與文學登上大學展演舞臺

這門課分析許多文學與非文學文本，也做了很多以前熟悉的小組報告，讓我再次想起DP的語言與文學。幾週後，教授宣布這門課的評量是口頭簡報，必須以四人為小組，準備五分鐘的影片與七至十分鐘的現場報告。

分組時，我邀請同是IB畢業的Solbin，以及兩位中國大陸女生。這個口頭簡報要

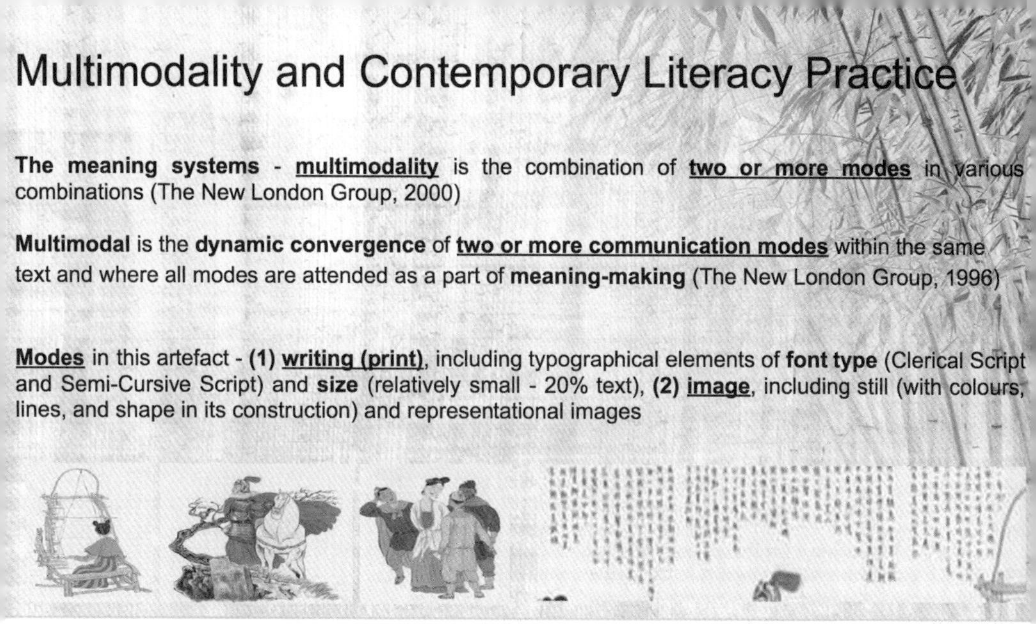
Multimodality and Contemporary Literacy Practice
The meaning systems - multimodality is the combination of two or more modes in various combinations (The New London Group, 2000)
Multimodal is the dynamic convergence of two or more communication modes within the same text and where all modes are attended as a part of meaning-making (The New London Group, 1996)
Modes in this artefact - (1) writing (print), including typographical elements of font type (Clerical Script and Semi-Cursive Script) and size (relatively small - 20% text), (2) image, including still (with colours, lines, and shape in its construction) and representational images

花木蘭的簡報節選。

選擇一個人工製品（書籍、畫作、文物、古董等由人類製成的物品都算在內），並徹底分析和討論其文化背景、形成原因、可分析的細節，以及如何呈現於新媒體。

我和Solbin看完這些評量要求，不約而同地認為簡直是另一個FOA（詳細可見第二章）。第一次四人討論的會議中，我們提出許多人工製品，包括清明上河圖、聖經、名家畫作等。此時，Solbin突然迸出一句「花木蘭」，接著解釋花木蘭是許多西方人認識東方的媒介，而且在迪士尼系列作品中，《花木蘭》有極強的影響力。

最後，我們選擇一幅花木蘭的故事畫作（國畫風格），上面搭配文言版本的〈木蘭辭〉。決定以「多模態文本」、「語言歷史」及「影視新媒體」三個角度，分配這個報告。

我們透過簡報討論東方文化、服飾及顏色所象徵的意義，表現文化和語言間不可分割的關係，也討論中文自古至今的演變過程。最後，Solbin 以性別刻板印象及社會壓力的角度，分析動畫版《花木蘭》如何反映並跳脫傳統中國思想。她切入的觀點把教育提升到媒體識讀的層次，將歷史、文化與價值觀融為一體。

ＩＢ教授的跳躍思考力

經過反覆排練之後，正式報告那天雖然有點緊張，還是圓滿落幕。經過這次小組報告，除了和同學更加熟識，也讓我深刻體會ＩＢ與非ＩＢ學生的異同。

在四人組合中，我和 Solbin 是ＩＢ畢業，而兩位中國大陸同學則未修習ＩＢ的課程。在此我先特別澄清，ＩＢ學生並不是比較聰明或比較會拿高分，而是在發想主題及選擇素材時，能更接近評分向度及評量說明。

此外，在四人小組的溝通與交流中，我也有感於跳躍思考的重要性。在ＩＢ教育的訓練下，學生會養成「以終為始」的思考習慣，讓思考更跳躍也更有效率。首先，辨明自己期待的結果，接著列出為達目的所需經歷的步驟，經過幾次訓練後，便會習慣「倒著前進」的思考方式，進而培養出跳躍思考的能力。

重新認識大學指導員的定位

製作這個報告的過程，除了IB和非IB的碰撞外，另一個使進程順遂的關鍵是我們的指導員❼ Alexandra。她的教學方式讓我想起

與指導員 Alexandra（圖左）的合照。

❼ Seminar tutor，倫敦大學的指導員大多正在就讀該校博士，且幾乎皆由教授指定。

注重分析的DP語言與文學課，每堂課一開始，她都會帶我們檢視核心資料及其中的重大概念，並用活動引導我們分析的敏銳度和速度。

在這系列的活動裡，我們不僅更加熟稔概念，也開始思考應用概念的方法與途徑。所以，當我們進入報告的發想和製作階段時，便能巧妙地結合文獻與概念，有層次地探討人工製品中的細節。她的教育模式讓我清楚找回曾在DP分析文本的感覺，再加上她的適時放手，成就我們更自由且更具創意的想法。

在她的研討會中，我重新定義大學指導員的重要性。她不僅成功扮演高中升大學之際的橋樑，補足我們在知識、技能上的差距，也經由有建設性的鼓勵和評價，讓我們感受看見優點的欣喜，卻也不失面對學術作業的謹慎。

ＩＢ與非ＩＢ學生的第一手觀察，彼此借鏡5大優缺點

經過這次的小組經驗，我親身體會「不同生長背景、相同教育基底」的驚喜。雖然我和 Solbin 有迥然不同的背景，但相同的ＩＢ經驗使我們在溝通交流時，能夠零距離、零隔閡。

除此之外，還可以明顯看出ＩＢ與非ＩＢ學生的差異，以下從合作經驗可統整出五個方向：

1. 時間管理

由於ＩＢ的課程多元，必須巧妙地安排時間，才能在早睡的前提下完成作業，而小組報告的時間管理還必須考量如何做好。因此，我和 Solbin 習慣利用個人時間，完成

簡報內容及相關研究，小組時間僅討論如何精進及呈現報告。簡單地說，重點並非如何安排時間，而是如何有效佈局。

佈局的方法很多種，最重要的是釐清個人和小組的差異，如此才能避免在大家的時間做自己的事，或是在自己的時間做有大家才能做的事。

然而，一整年下來，我發現許多同學連基本的時間安排都有困難。他們常因為論文或有期限的作業而自亂陣腳，還會因為無法把握玩樂和學習的平衡，而失去當大學生的樂趣。

我看到這些狀況，非常慶幸ＩＢ不只塑造了我學術素養的模型，更讓我能分辨事情的輕重緩急，做出最好的調整及安排。

2. 資料統整

小組報告中要蒐集大量資料，主要方向可分成整理已知資料，以及開發全新來源。已知資料指的是課堂前就已學過的內容，或是教授提供的核心資料。全新來源則是依自主選定的主題，尋找更多可建構在概念上的資訊，通常來自某個概念的延伸，或是佐證主題的研究。

經過DP歷史及EE的訓練，我深感參考文獻及核心資料的重要性，不只能讓知識由內而外擴張，還能強化立論基底的優勢。然而，許多學生不理解核心資料的重要性，時常不先閱讀課前資料，就直接去上課，以為教授會在課堂上仔細講述。其實，課堂的內容都是建構在核心資料上。

相同地，許多學生做報告時，很容易看不見評量的整體，直到出現問題才開始逐一解決。雖然這個模式也能如期完成作業，但缺少整體性的作品很容易缺乏核心及靈魂。

3. 創造力

在任何作業或評量中，發想與創造往往是最困難的步驟。我認識的許多人表示自己苦於發想，而我認為最大的原因是素材不足，以及未經反覆思考訓練。舉例來說，我在寫作電影課程的論文時，會先蒐集許多有關角色定位的文獻。這個過程讓我迅速理解論題，快速找到分析的立論基礎，最後決定以局外人視角為方向，展開分析。

4. 批判與反思的習慣

批判不是批評，而是針對成品優劣進行評估或檢討。相對地，反思則是不斷在過程中檢驗各方面的表現。對我來說，批判及反思最有效的方式便是換位思考。

當站在不同立場，觀察自己組別的各方面表現時，就能跳脫當局者迷，掌握優劣與改善點。因此，我不斷用考官及聽眾的角度思量，希望報告做到面面俱到。

而且，掌握批判及反思能力後，更能夠走在其他同學的前面，並提前防患未然，在無形中掌握全局、迅速將偏差的部分導回正軌。

5. 拆解評分向度的技術

國外大學幾乎所有科系都會面臨向度式評量。正如第一章提過的ＩＢ評分向度，簡單地說就是指有評分細則的評分方式，而非答對一題得一分。當面對這種評分方式時，高分關鍵便是讀懂細則。

從ＭＹＰ開始，我都習慣在進行作業或評量之前，深究評分向度最高分的敘述，因為對我來說，追求極致是拿高分的關鍵。因此，在小組報告中，我先攤開教授公布的評分細則，把滿分設定為目標，並在製作和反思時不斷對照細則。這麼一來，評量便不易脫離正確的軌道，也不會掉出一定的分數範圍。

然而，對評分向度過度敏感有時會成為負擔，也容易限制觀點的自由發展。這時候，兩位中國大陸同學看似天馬行空的想法，經過小組共同合作推進，便成為報告中的一大亮點。這些創意可說是評分標準外的天空，更是把成績再向上推展的點綴。這證明了雖然系出不同源，但有絕佳的互補效果。

高中升大學是充滿未知的旅程，對我來說，在未知路上盡力找出已知，是最能安定內心的方法。找出這些已知之後，逐步將它們發展為可運用的技能，絕對是銜接高中到大學的不二法門。

專欄 5

「跨」一步海闊天空，我的TAE創業之路

從初入ＩＢ到進入大學，我在反覆回看和前瞻的過程裡，得到許多感動。像是大膽嘗試自己不擅長的視覺藝術課程，或是更大程度地發揮語言和文學上的優勢。這些探索與強化的過程，為我的大學學習奠定重要基礎。

前幾章談到如何將ＩＢ經驗套用於大學，以期更有效率地學習，但在此想討論「大學經驗與ＩＢ經驗的融合」，我認為創立ＴＡＥ的過程正是最佳寫照。

ＴＡＥ是推廣ＩＢ的平臺，主要活動包括了舉辦演講、課程及輔導，而創立的過程更是相當有趣。還記得那時候我即將離開臺灣，準備到倫敦展開嶄新生活，某天到學校處理事情時，有位家長叫住我：「你是蘇弘曆同學嗎？」

原來，她想邀請我和其他家長共進晚餐，並聊聊ＩＢ與升學，我二話不說馬上答

應。經過多次的談話後，我將學習歷程搭配對ＩＢ的研究，整理成完整的經驗談，也在與家長的對話中，發現許多學生或家長不夠瞭解ＩＢ，導致決策時容易感到徬徨。

理解ＩＢ在臺灣的現況後，我心中燃起應該發揮所長的衝動，覺得若能透過親身經驗詮釋ＩＢ，必定能幫助到很多人。那位家長當時的一句話，造就我如今閒不下來的生活步調，而她也從熱心的家長搖身成為ＴＡＥ的重點人物。這位天使般的家長（現在可說是我的工作夥伴），始終用她的愛與行動鼓勵我，讓我在這條創業與逐夢的路上更加踏實。

創業之初，我以ＣＡＳ目標導向的方式規劃，在這個架構下，為ＴＡＥ建立還算完備的雛型，也架構出初步的運作模式。然而，我對於ＴＡＥ要以什麼作為中心思想，始終沒定見，只確定要和ＩＢ有關。

在某次的研討會中，聽聞 Solbin 談到她的學習與教學經驗，我深深被其教學熱情所感動。在她的啟發下，我決定先舉辦講座，以自身累積的經驗作為傳遞訊息的媒介。於是，在二〇一七年十二月，我舉辦ＴＡＥ初登場的三場講座，很榮幸地三場都超過百人參加。

從這個事例中，我反思自己用CAS架構創業的過程，並發現真正活用IB的方法就是走出IB。因為IB給學生的不是用一輩子的萬能公式，而是建構思想架構和促進想法誕生的工具。

講座圓滿落幕後，我開始著手規劃二〇一八年的年度行程。在綜合評估下，TAE決定在八月份舉辦大型課程式活動。然而，課程活動有別於講座，要擔心和考慮非常多的事情，從科目、運作模式、師資到學生，都是必須審慎評估的要素。

TAE 國際暑期課程的四位講師，左起為 Nicole、Solbin、蘇弘曆及 Samuel。

在解這道難題的過程中，不免遇到許多挫折，但這些有起有落、有淚有笑的曲折，帶領我和TAE走得更遠。二〇一八年八月，我們集合來自全台四校的學生，由包括我在內的四位國際講師，教授DP最熱門的七個科目，得到家長、學生們的讚譽。

規劃暑期課程的階段，是最能彰顯大學和IB融合的時刻。如果要細談創業經歷或是國際暑期課程帶來的感動，或許又能寫成一本書。但我最有感的，是IB對人生的影響竟是如此深遠。

在我的IB經驗中，放棄從來不是選項之一，因此在運作TAE時，即便再困難也會試著找出解決方法。如今，我離IB越來越遠，離進入職場越來越近，感受到的點滴及真正經歷的高潮迭起，使體悟更顯真實。

國際情懷的真諦是理解事物的根本，再分析個人經驗，最後站在國際觀的高度，統整議題的社會性。

第6章

名校裡的外交，從朋友圈看世界

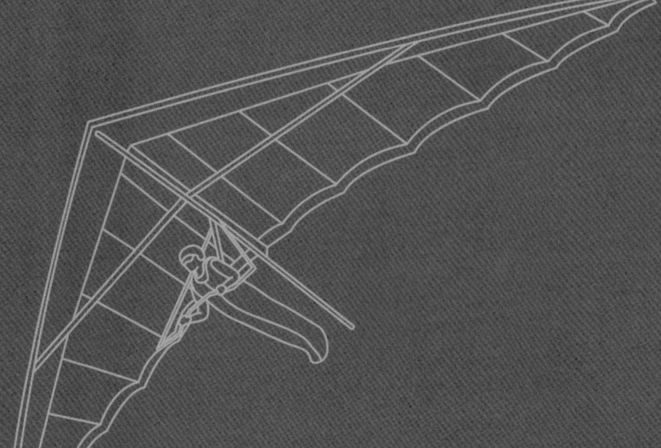

身邊都是全球頂尖1%，與菁英思想激盪的 Seminar

人際關係是我們從小大到不斷學習的人生課題，IB課程也以「十大學習者目標」（探究、知識淵博、思考、交流、有原則、胸襟開闊、富有同情心、敢於冒風險、全面發展、反思），訓練學生成為懂得待人處事的全人。

因此，在我帶著這些往昔經驗來到倫敦大學後，我告訴自己人脈是絕對重要且帶著走的資產。不過，培養人脈絕不是一味地攀權附勢，而是要用批判性的思維，思考如何建構自己的朋友圈或潛在事業網。

某部電影中呈現的名校人際關係曾帶給我很大的震撼，同學的爸爸可能是總統、家庭可能是皇室、親戚可能是國務卿，這些原以為有如電影的情節，卻時時刻刻在倫敦大學上演。

為期一週的自我介紹

在研討會當中，我有很多機會與同學深度交流，不過談及第一次走進研討會的教室，當時心情可說是非常不安。因為我不再是大型課堂中的百分之一，而是十六分之一。

第一週共有四個研討會，而每個都不免俗地需要自我介紹。這件看似簡單的事，卻讓我認識許多不簡單的人。在彼此輕鬆的言談間，聽到不同人來到教育學系的原因。

有人和我一樣從小對教育充滿熱忱，想要繼續在這個領域盡一份心力。

IB 常見問題 ⑭

Q：出國後，「不敢說」是許多留學生面臨的困境，IB 如何讓學生具有更佳的語言優勢？

由於 IB 學校幾乎全科以英文授課，學生比其他系統或學校的學生，有更傑出的口語能力。融入歐美圈不見得是必要的事，但 IB 讓學生可以在留學初期，就不將語言視為藩籬，在學術與生活上都能更不分國界。

有人立志當小學老師，希望將自己擅長與小孩溝通相處的能力，提升到專業化層次。有人已在教育領域中有所作為，希望在倫敦大學找到不一樣的切入視角。同學當中，甚至有一位十五歲就創業、在法國具高知名度的教育企業家。

經過一個禮拜的自我介紹，不只從不同面向認識同學，也正式感覺自己進入國際大都市的名校，將和一群優秀、甚至已是佼佼者的人們，展開一場思想交流之旅。

用ＩＢ培養的國際情懷，聽見經驗談之外的人生觀

在「教育研究介紹」（Introduction to Education Studies）這門課的大型課堂裡，教授介紹英國的教育體制，並分析組成教育體制的要素。我們從英國教育史談起，透過幾個案例研究和比較，檢驗百年來英國教育的起落和轉折。

然而，在對應的研討會中，指導員拋出的第一個活動竟然是：講述自己的教育歷史，並分享自己從小到大受的教育，而這也讓我在大學初始就回顧、反思自己的整個教育歷程。

如果將從小接受的教育畫成一條時間線，可以畫出自己從幼兒園、雙語學校到國際學校的轉折。當時，我覺得自己有臺灣教育和ＩＢ兩種經驗，勢必能讓非亞洲學生一窺東方的教育文化。

之後，每位同學陸續講述自己的學習歷程，令我印象最深刻的是來自英國偏鄉的女同學。她是今年二十四歲的成熟學生❽，因為一路成績優異，曾順利進入知名大學的法律系，卻選擇在學期未過半時休學。

她告訴我們，幫助人並發揮影響力是她從小到大的夢想，決定學法律就是希望能以律師的身份為弱勢者發聲。但在短短的學習過程中，發現就讀的學校和科系無法彰顯中心思想，於是毅然離去。

隨後，她選擇到海外各國遊歷，並利用工作之餘，從事與人來往接觸的活動。聽完她的經歷後，我不禁讚嘆她的堅持，因為她比誰都明白自己的內心，而且在實際狀況與心意不符時，勇敢選擇堅持中心思想。

也許很多人覺得這些轉折很正常，然而當故事主角出現在自己面前，還是會感到敬佩和驚訝。大學聚集各種背景與經歷的人，讓我回想起在ＩＢ中不斷被提起的國際情懷，以及與人交流的能力。

在還沒接觸ＩＢ前，我以為國際情懷指的是關注時事，而與人交流就是溝通想法，但以上兩種解讀都僅止於表面。ＩＢ的課程國際化，鼓勵學生參加世界性活動，在這個架構下，我在實際接觸國際友人時有很好的立足點。

經由這堂研討會，我明白國際情懷的真諦是理解事物的根本，再分析個人經驗，最後站在國際觀的高度，統整議題的社會性。另外，與人交流也不只是闡述個人想法，還必須充分發揮換位思考的能力，才能加入討論，並提出有意義的想法。

❽ mature student，成熟學生指的是超出學生通常年齡的學生，大多有過社會歷練後再回校讀書。

與中國大陸學生相處，看見世界趨勢與學術發展

到英國就讀大學前，我曾造訪劍橋。那時我在中餐館與東北來的服務員聊天，談到中國大陸人在英國讀書或常住的現況。他悠悠地問：「你知道劍橋為什麼沒有中國城嗎？」我搖頭表示不解。他回答：「因為劍橋就是中國城！」

他當時這句「爺們味」很重的豪語，讓我至今仍印象深刻。不過，幾年後我再次來到倫敦時，終於明白：「哇！原來倫敦也是中國城。」

若從數據面分析，系上約有四成的中國大陸學生，而在我的研討會中則有接近一半的比例。根據我平時的觀察，幾乎每經過四個人就會遇到講中文的人。這個比例相當可怕，也意味著在倫敦生活並不一定要會說英文。

面對這個情況，我想起來倫敦前，聽過太多人用各種理由苦勸我少跟陸生來往，

因為很多人習慣以過去的刻板思維來討論中國大陸。對於這類建言，我向來不以為然。比起直接相信，我更願意親身經歷後再下定論。

因此，我總是專注觀察組內將近一半的中國大陸學生，看他們如何表述思想及展示實力。經過細微的觀察後，我發現他們身上幾乎都有令人稱羨的共同點：上進心。

中國大陸學生無論語言能力，或者是對討論的議題是否熟悉，他們從不放棄任何能展現自己的機會。除了踴躍之外，總能堅定地站穩立場，並為自己的信念辯護。這樣的學術性格是我鮮少在臺灣看見的，也令我深感佩服。

另外，他們的學習力更是驚人。在上進心的催促下，能逼自己做到過目不忘、入耳不忘，快速彙整教授交代的大小事。我在課堂及課餘時間與他們展開一系列交流後，不由得對他們產生更多的好奇和崇拜。

實際上，中國大陸近年的進步不可忽視，當我受邀加入微信百人大群、體驗真正的一呼百諾，並且看到中國學聯❾的選舉規模直逼臺灣九合一大選，我意識到他們不

❾中國大陸學生所創立的學生聯合會，主要組成多為中國大陸學生，亦開放他地學生以交流語言及文化之名入會。

僅是陪伴我三年的大學同學，更可能是未來的合作夥伴。

兩岸間微妙的關係或許是與陸生相處時的顧慮，但我們若站在更高的層次來看，「謹慎」才是一切之本。謹慎可分為對人和對己兩個層面，對人的謹慎就是謹記交友的準則和份際，而對己的謹慎則要隨時提醒自己切勿以偏概全。既然來到國際化的學校，就應該敞開心胸，用認識取代聽說，用親身經歷取代刻板印象。

「撇開刻板印象，擁抱生命中所有的未知」，是我進入大學後待人的一貫態度。刻板印象的形成是來自社會的累積，而打破刻板印象的途徑則是透過深入的探究與思考，理解認知中的缺陷。

在新加坡與香港學生身上，瞭解何謂世界頂尖

ＩＢ雖然是源自歐洲的課程，但每年的滿分者大多集中在亞洲，而且幾乎都在新加坡和香港。

我過去曾造訪新加坡，當時短暫停留的國際高中，就是盛產高分者的著名ＩＢ學校。那所學校有獨棟的藝術大樓，課間移動需要搭乘接駁車，幾乎所有科目或部門都有獨立區域。

同樣地，香港也相當盛行ＩＢ，不僅有將近臺灣八倍的ＩＢ學校數目，全港平均得分更屢屢突破三十五分（世界平均約二十九至三十分）。在親自造訪及數據的雙重震撼下，我對這兩個地方的學生可說是充滿好奇。

接下來，我想談談對新加坡學生的觀察。有別於中國大陸學生難掩的上進心，

新加坡學生有種不著痕跡的強勢。據我的觀察，這份強勢源自他們對學術及語言的自信，因為新加坡的教育風格嚴謹，再加上英文是官方語言，使他們比絕大多數亞洲同儕表現得更強勢。

新加坡人和中國大陸學生一樣有極強的群居性，走在路上若聽見中文、英文和閩南語夾雜的對話，極有可能是新加坡同學正集體往學校走。大家可能看過《瘋狂亞洲富豪》中的新加坡人，電影中的角色幾乎都是就讀法律或經濟系的大咖，而新加坡人也確實在倫敦大學法律系中佔有極高比例。

和新加坡人近距離接觸後，我發現他們對於所學及未來方向都有清晰的規劃，而且很少在他們身上看到未知的迷茫。因為就如他們所說，在人力是唯一資源的國家，必須督促自己縮短摸索期，才有可能走向成功。

同樣的道理也適用於香港。許多自小就讀國際學校的學生，也是汲汲營營地為明確目標而努力。我認識一位DP相當高分的香港同學，因為很瞭解自己且目標明確，早早就把教育當作唯一選項。

面對這些實力非凡或目標明確的同學，我有時候難免會略感自卑，但轉念一想，與他們交流就如同我過去在DP中追求的「得高分」，新加坡與香港學生在我的眼中，個個是我景仰的「七分範例」。但範例終究只是參考，我不能與他們如出一轍，因此我努力從他們身上細尋值得學習之處，並在大量且精巧的採集下，轉變成適合自己的模式。

在遇到新加坡和香港的學生後，我面臨許多必要的心態調適，一開始甚至沒有自信能和他們打成一片，但是我依然保持開闊的胸襟及敢於冒險的心態。同時，督促自己要往知識淵博的方向發展，透過理解他們的優點，去補足自己的短處。

舉例來說，我發現香港學生對經濟議題有深入的認識，或者新加坡同學對文化有獨特的見解之後，便會在對話中細聽他們所言，並細究和內化那些我原先不知道或不熟悉的知識。

從英國當地學生的多元性，拓展更寬闊的視野

倫敦大學是一所非常多元的學校，其中大約四成的學生是國際學生，因此當地及歐盟學生的比例可說是相對少數。不過，這些較少數的學生卻有相當不凡的背景和經驗。

很多人喜歡問我：「白人是不是像電影裡一樣難相處？」我總會回答：「在我的系上不是。」相較於許多亞洲學生理所當然地從高中升大學，「白人讀大學」在英國有個特殊的現象：許多學生都是我前文提過的成熟學生，而非高中畢業的應屆生。

成熟學生的特點是思想，他們都經歷過一段深入的思考歷程：「是否重返校園？」因此，當他們下定決心後，往往會比其他學生更加認真。成熟學生更喜歡專注於議題討論，他們不僅會閱讀所有核心資料，也會自行選讀補充教材，因此不會特別

花時間經營枝枝節節的人際關係。從這個角度來看，倫敦大學的學術環境少了幾分歧視。

此外，成熟學生總能在理論之外，運用大量人生閱歷發表對事件或案例的看法。有一次，我們在小組討論中談及文化差異時，人生閱歷不夠豐富的學生，只能舉一些稀鬆平常的例子，然而有位成熟學生，舉出自己和瑞典籍男友的文化差異，讓我們更細緻地比較歐洲不同國家的教育體制。因為他們更具包容力及豐富的思想，我得以在學術環境下無壓力地直抒己見。

不過，倫敦大學除了成熟學生外，仍有不少應屆大學生，這些當地學生有許多是「移民二代」（來自土耳其、孟加拉、香港等地的移民）。他們在相對富裕的家庭中成長，有完整且悉心呵護的教育歷程。

我認為與當地學生相處是瞭解歐洲最快速的方式，這也是為何我始終把與人相處當作外交和開眼界的資料庫，期盼自己能盡己所能地在有限的三年時間中，打造無限的可能。

來到名校，真的很像走進電影畫面。不過，當太多曾嚮往的畫面大量映入眼簾時，確實會有幾分不知所措。然而，我身為ＩＢ畢業生，始終認為保持心胸開闊是不慌陣腳的基礎。交朋友這種課外能力看似無法訓練，但其實只要誠心待人，便會發現很多意想不到的驚喜，讓外交之旅變得繽紛精彩。

從ＩＢ走到大學第二年，一路上感觸良多，也經歷不少心態上的改變，但唯一不變的是對學習的堅持和信任。

在ＩＢ時，我確信這段學習歷程能帶給我幫助，於是堅持做好每件小事，並把每段經驗轉化為學習養分。進入大學後，我信任這個世界認證的系所，盡情發揮自身能力，盡力蒐集它能給我的知識。

總結這段經歷，ＩＢ將我帶進倫敦大學，而我也將從ＩＢ所學牢記在心，藉以徜徉在學術大海。未來，我將繼續強化我的ＩＢ經驗及各方面能力，馳騁在這條學術之路上。

專欄 6

聽各國學生經驗分享，建立反思與批判性思維

「生活在學校化社會[10]」（Living in a Schooled Society）這門課的研討會中，必須進行「反思文章討論」及「口頭報告回饋」兩個活動，可說是由學生主導的課程。

我們在前五堂研討會專注於反思，教授表示只要和教育有關，並能與自身連結，就是反思的好主題。然而，若只談論自己的經驗，會缺乏反映社會的元素。我想起DP視覺藝術老師曾說：「作品若想獲得共鳴，必須找到社會有感與自己有感的平衡點。」

於是，我決定將主題定為臺灣常討論的「政治課綱」。反思臺灣課綱如何無形地

---

[10] 指人們的生活受教育的各個面向所影響。

影響學生政治立場及社會政治氛圍，並透過課本用詞、史觀採集等議題，反映臺灣教育和政治的關聯。

前文提到從法律系休學的英國同學，分享自己在非學校或非機構環境下的學習。從另個角度來看，她在離開學校的日子裡，獲得學習的完全選擇權，更能直觀地感受世界。

從她的反思中，我看到教授在課堂說的社會現況：在眾人幾乎都受過高度教育的社會中，如何走一條「表面上未受教育，實質上仍積極學習」的路。這除了要具備辨識和過濾知識類型的能力，也要有過人的勇氣。

另一位中學在英國就讀的韓國同學，在反思裡談到家人對她學習之路帶來的影響。她的家族是教育世家，家人在政府擔任高階主管，也不乏部長級別職位的親戚。她成長在這樣的家庭，從小就接觸很多韓國教育現場的第一手資訊，因此對教育（尤其是教育改革）產生極大興趣。

我如今的TAE夥伴 Solbin，則深切反思「教育信仰」在人們心中根深柢固的現況。教育信仰意指人們對教育既定且深刻的認知，在如今的社會，普遍認為學歷越高越能獲得尊重，雖然這並非社會上百分之百的實況，但相當程度地反映現況。她的反思很現實地展示第三世界的社經議題，也探討社會架構和教育體制等延伸議題。

在其他同學的反思當中，我聽中國大陸學生批判高考制度為學習帶來的傷害，理解孟加拉國或英國本地家長也有名校迷思，也明白西方教育非常強調學生的心理狀態及其建立歷程。聽了整整五週豐富且有趣的個人經驗，忍不住讚嘆身邊同學都如此有批判性思維和個人主見。

在一系列的研討會裡，我運用曾在DP歷史中學習過的資料判讀能力，檢視同學們的反思。大量的個人經驗雖為課堂帶來豐富的內容，但一切資訊都應秉持審慎檢驗的態度，我也發現教授在聆聽、記錄和反饋的過程中，不斷商討議題的事實性。這就是處理教育議題的態度，也可說是處理任何「抒發己見」議題時應有的定位。

講故事是說服人的好媒介，但換個角度來談也是蒙蔽人的方法。因此，若能連聽故事時都隨時檢驗資料來源，必定能養成快速且有效的歸納能力。

人們在討論某個議題時，難免會結合個人經驗與社會模式，這些思辨過程須大量運用到創造性和批判性思考，而我在研討會中最以ＩＢ為傲的時刻，是找到「大膽表達己見」的勇氣。

老實說，面對母語是英文，或是已在教育界有成就的同學，我心裡還是有頗大的壓力。我曾經覺得那是因為沒自信，但後來發現其實是對論點和經驗不夠有把握。不過，我回憶起每次在DP中文或英文課上發表看法時，只要依照步驟（拋想法、找例證、組合成論述），來建構論點，就能形成牢不可破的陳述。

人們離開熟悉的學習環境後，表達能力容易因緊張而不如以往，但經過觀察和謹慎反思，必能重新尋得許多熟悉的技能。

NOTE　　　/　/　/

後記
感謝ＩＢ，讓我相識生命中的貴人

我在臺北、倫敦、巴黎及蘇黎世四座城市撰寫本書，從豔陽高照寫到大雪紛飛，伴隨我的二〇一八下半年及二〇一九年初。

起心動筆的原因是ＩＢ，而給我勇氣和支持的是一路走來相識的貴人們，他們是我四年ＩＢ生涯中的老師、在英國結識的同學和朋友，以及ＴＡＥ的每位工作夥伴。

在臺北寫作時，我想著剛和ＴＡＥ行政組淑華姐、Nicole（瑋宸媽媽）、Christina（銘宇媽媽）及講師 Solbin、Nicole、Samuel 成功舉辦的國際暑期課程。長達半年的準備、多月的接洽及三日的點滴，帶給我不曾體會和想像的踏實與快樂。

這段奇幻旅程源自 Solbin 的啟發，並融合了 Nicole 對學術的熱忱和專業，與 Samuel 年輕、但極具授課魅力，帶給臺灣ＩＢ學生一個大驚喜。

本書中有太多因為ＴＡＥ團隊、學生與家長的正向反饋，而喚出的感動和回憶。希望我寫下的每一筆，都是把經驗轉化為回饋的痕跡，可以讓他們在某個必要時刻，看見其中某句最貼近他們當下心境的話。

本書的後半部分幾乎都在倫敦完成。為了精確地寫出大學經驗，我喜歡回到那些場景，並在寫作空檔見見書中提及的人們。認識他們是我在英國最大的幸運，我們在學術及生活上彼此進步，也相互扶持。這本書寫得非常理性，但那些因偶遇瓶頸而卻步的感性時刻，都在這群好朋友的無條件支持下化為養份，甚至成為力量。

本書寫到一半時，伴隨學業、事業及作品而來的是巨大壓力。為了分心，我在一家韓國餐廳找了份工作，沒想到卻因為那裡的環境和同事，找到我在倫敦的第二個家。認識了總用熱情和關心給我工作勇氣與安全感的 Bibiane ，以及同是讀ＩＢ、氣質非凡且能暢談心事的 Jenny，還有可一起用中文聊天的 Cheryl，他們都讓我更認識自己。

二〇一八年末，我走在巴黎和蘇黎世的街頭，雖然正在旅遊，但仍心繫書稿。旅途中，我偷偷借用 Cynthia 感性裡的知性、 Nora 許多非凡的特質，提醒自己莫忘初衷。因為她們，我找回初心，也更加堅定。

回到倫敦，收到好友 Mandi（也是ＩＢ畢業生）寫的卡片。她在裡頭寫著：「真正去愛，要懂得如何去愛缺點。」這簡單一語，在我壓力最大時提醒：「放棄完美則海闊天空」。

這本書也是我寄予老師們的感謝，包括ＩＢ裡的蔣萍副校長、黃聖雅老師、章宗熙老師、沈章佩老師、Mr McAlister、Mr Chung、Mr Ma、Ms So、Ms Hsu，以及在我成長路上啟蒙寫作的夏璐老師、教導英文的Katherine、讓我認識且愛上音樂的林佳佩老師。願此書的情意成為他們手中的一份珍貴。

最後，一定要感謝我的父母。從支持我走上ＩＢ路到跨海來到ＵＣＬ，他們總是一貫力挺、從未動搖。願我在未來無數的四季中，能繼續成為他們最好的陪伴。

二〇一九年一月二十一日　寫於倫敦

國家圖書館出版品預行編目(CIP)資料

我如何以 IB 文憑，錄取世界名校？：提早掌握語言、簡報、寫作力，重新找回被低估的實力！／蘇弘曆著； -- 台北市：大樂文化，2019.3
240 面；14.8×21 公分. --（Power；22）

ISBN 978-957-8710-16-0（平裝）
1. 教育　2.國際化

520　　108002329

Power 022

我如何以 IB 文憑，錄取世界名校？

提早掌握語言、簡報、寫作力，重新找回被低估的實力！

作　　者／蘇弘曆
封面設計／蕭壽佳
內頁排版／顏麟驊
責任編輯／劉又綺
主　　編／皮海屏
發行專員／劉怡安、王薇捷
會計經理／陳碧蘭
發行經理／高世權、呂和儒
總編輯、總經理／蔡連壽

出 版 者／大樂文化有限公司
地址：新北市板橋區文化路一段 268 號 18 樓之1
電話：（02）2258-3656
傳真：（02）2258-3660
詢問購書相關資訊請洽：2258-3656
郵政劃撥帳號／50211045　戶名／大樂文化有限公司

香港發行／豐達出版發行有限公司
地址：香港柴灣永泰道 70 號柴灣工業城 2 期 1805 室
電話：852-2172 6513　傳真：852-2172 4355

法律顧問／第一國際法律事務所余淑杏律師
印　　刷／韋懋實業有限公司

出版日期／2019 年 3 月 25 日
定　　價／280 元（缺頁或損毀的書，請寄回更換）
I S B N　978-957-8710-16-0